MARTIN SCHULTHEISS
UND FABIAN VOGT

Glauben ist ganz einfach – wenn man nicht muss

Anregungen für eine befreite Spiritualität

Brendow
VERLAG + MEDIEN

Bibliografische Information Der Deutschen Bibliothek
Die Deutsche Bibliothek verzeichnet diese Publikation in der Deutschen Nationalbibliografie; detaillierte bibliografische Daten sind im Internet über www.ddb.de abrufbar.

Die Bibelzitate entstammen der Lutherbibel
(revidierte Fassung von 1984)
oder sind Eigenübertragungen der Autoren.

1. Taschenbuchauflage 2012
ISBN 978-3-86506-421-9

Satz: Satzstudio Hans Winkens, Wegberg
Druck und Verarbeitung: CPI - Clausen & Bosse, Leck
Printed in Germany

www.brendow-verlag.de

Für alle,
die Freiheit lieben –
und ahnen,
dass das Geheimnis
der Freiheit
im Glauben liegt.

Ich setze Liebe mit Freiheit gleich.
Die Liebe zu Gott kann nicht durch Gebote,
sondern nur durch einen Akt
der Willensfreiheit bewirkt werden.

ISAAC B. SINGER

Wo der Geist Gottes wirkt, da ist Freiheit.

2. KOR. 3,17

Inhalt

Vorwort

Glauben ist ganz einfach – wenn man nicht muss. Und Gott sei Dank: In diesem Buch müssen Sie gar nichts. Sie dürfen … und zwar alles. Sie dürfen es sogar gleich wieder weglegen. Aber wenn Sie Lust haben, dann laden wir Sie zu einer inspirierenden Entdeckungsreise ein. Zu einer kleinen Expedition, bei der es darum geht, der Freiheit des Glaubens auf die Spur zu kommen und dabei zwei Dinge herauszufinden: Was ist Freiheit? Und wie kann ein Mensch wirklich befreit glauben?

Zuallererst: Wer im Innersten frei ist, der braucht keine Angst zu haben – vor nichts und niemandem. Auch nicht davor, dieses Buch zu lesen – selbst wenn es möglicherweise manche allzu lieb gewordenen Gewohnheiten in Frage stellt. Es gilt: Sie dürfen sich mit unseren freiheitsliebenden Gedanken auseinandersetzen, aber Sie müssen nicht. Weil es in der Freiheit kein »Muss« geben kann. Überall da, wo jemand Bedingungen an Sie stellt, die Sie erfüllen müssen, wird die Freiheit ausgehebelt.

> »Jesus Christus hat uns zur Freiheit befreit! Daran müsst ihr festhalten. Lasst euch ja nicht wieder durch irgendetwas versklaven.« (Gal. 5,1)

Im christlichen Glauben gehört diese Freiheit von Anfang an zu den Grundwerten. Sie ist der Gegenentwurf zu all den Bindungen und Begrenzungen, die das Leben einschränken wollen. So schreibt beispielsweise Paulus, der erste christliche Theologe: »Wo der Geist Gottes ist, da ist Freiheit.« (2. Kor. 3,17) Und er betont den Wert dieser Freiheit immer wieder. Vor allem sagt er: »Jesus Christus hat uns zur Freiheit befreit! Daran müsst ihr festhalten. Lasst euch ja nicht wieder durch irgendetwas versklaven.« (Gal. 5,1)

Nun ist das Merkwürdige: Wenn man beobachtet, wie Menschen das Christentum in der Praxis leben und erleben, dann ist von dieser Freiheit oft wenig zu spüren. Es scheint, als versinke die Kirche unter einem Berg von Geboten, Strukturen, Vorschriften, Traditionen und ausgesprochenen oder unausgesprochenen Forderungen, die genau festlegen, wie das mit dem Glauben zu sein hat. Eine Sklaverei der Formen, die bestimmt nicht frei macht. Auf diese Weise wirkt Frömmigkeit oft eher abstoßend als ansteckend. Darum bemerkte ja schon Friedrich Nietzsche süffisant über die Christen: »Bessere Lieder müssten sie mir singen, dass ich an ihren Erlöser glauben lerne. Erlöster müssten mir seine Jünger aussehen.«

Ein Christentum, das nicht frei macht, hat mit Jesus wenig zu tun.

Damit sind wir beim Thema dieses Buches: Woher kommt es, dass der christliche Glaube, der befreien soll, oftmals eher als einengend und bedrückend erlebt wird? Und kann sich ein moderner oder gar postmoderner Mensch des 21. Jahrhunderts überhaupt noch ernsthaft auf den christlichen Glauben einlassen? »Ja«, sagen wir, und darum ist alles, was wir hier ausführen, ein Plädoyer für eine aufgeklärte, unverkrampfte und lustvolle Frömmigkeit, sozusagen eine geistliche Entrümpelung des Glaubens, bei der wir eine Bestandsaufnahme dessen versuchen, was sich in Jahrtausenden an Unfreiheiten, Missverständnissen, Ängsten, Unsicherheiten, Dogmen, Ideologien und Vorurteilen ins Christentum eingeschlichen hat. Letztlich geht es uns darum, dass Glaube wieder zu einer lebensfördernden, leidenschaftlichen, tröstenden und wohltuenden Erfahrung werden kann. Denn ein Christentum, das nicht frei macht, hat mit Jesus wenig zu tun. Also: Schluss mit lustlos!

Wir haben für unser Vorhaben einen sehr konkreten Weg gewählt: Wir stellen Ihnen erst einmal ein Panoptikum markanter religiöser Auswüchse vor – und dann 10 existenzielle Freiheiten, oder besser gesagt: 10 Aspekte der einen großen Freiheit, die nicht nur für einen gesunden Glauben, sondern für das Leben an sich von entscheidender Bedeutung ist. Und wir zeigen, wo und warum wir diese Freiheit bedroht sehen und wie man sich dagegen schützen kann.

Bei aller kritischen Auseinandersetzung mit kleinmachenden Strukturen geht es in diesem Buch vor allem darum, die 10 Freiheiten als dem Leben zugewandte, spirituelle Angebote zu entdecken, die den Horizont weiten und die Selbstständigkeit fördern – in alldem, was unser Denken, unser Handeln und unser Fühlen bestimmt. Dieses Buch will also in die Freiheit und in die Leichtigkeit führen. Trotzdem ist es nicht unbedingt ein leichtes Buch. Denn die geistlichen Umgangsformen, denen wir auf den Zahn fühlen, sorgen ja auch nicht gerade für Heiterkeit. Zumindest noch nicht.

Unsere Gedanken wollen in erster Linie anregen, inspirieren, motivieren, ermutigen und natürlich auch provozieren. »Provozieren« kommt von dem lateinischen Wort »Provocare« und bedeutet »Herausrufen« – aus allem, was Menschen einengt. Und das Beste, was aus einer Provokation werden kann, ist ein angeregter, offener Austausch darüber, was denn nun trägt im Leben. Darum verkünden wir hier auch keine geschlossene Theologie, keine allein selig machenden Wahrheiten, sondern verstehen uns selbst als Lernende, die eine großartige Erkenntnis wiederentdeckt haben: Glaube und Zwang schließen sich gegenseitig aus. Oder positiv formuliert: Freiheit ist eine eminent wichtige, unverzichtbare Voraussetzung für einen gesunden christlichen Glauben.

Dieser Idee wollen wir in diesem Buch nachgehen und Sie einladen: zum Nachdenken, zum Ausprobieren, zum Widersprechen. So wie es Luther mit seinen 95 Thesen hielt, die er als Professor öffentlich zur Diskussion stellte und die er bewusst zuspitzte, um Gespräche anzuregen – nicht etwa, um sie zu beenden. So wie auch Papst Benedikt XVI. in seinem bekannten Jesus-Buch bewusst auf jede lehramtliche Autorität verzichtete und seine Leserinnen und Leser zum Widerspruch geradezu einlud. Das ist übrigens gelebte Theologie: Miteinander über Gott reden.

Prüfen Sie also ruhig unsere Thesen, testen Sie sie auf Belastbarkeit, freuen oder ärgern Sie sich darüber, verfeinern Sie die Argumentation und ergänzen Sie für sich die Aspekte, die wir übersehen haben. Und wenn Sie uns einen Irrtum nachweisen können, dann teilen Sie uns das bitte mit. Wir freuen uns immer, wenn wir etwas dazulernen.

Jesus hat ziemlich selbstbewusst gesagt: »Wenn ich als Sohn Gottes euch frei mache, dann seid ihr wirklich frei.« (Joh. 8,36)

Jesus hat einmal ziemlich selbstbewusst gesagt: »Wenn ich als Sohn Gottes euch frei mache, dann seid ihr wirklich frei.« (Joh. 8,36) Wir möchten mit Ihnen zusammen herausfinden, ob das stimmt, und freuen uns, wenn die hier vorgestellten Gedankenanstöße Ihnen helfen, Glauben (neu) als befreiende Erfahrung zu erleben – ganz gleich, ob Sie überzeugter, zweifelnder oder verzweifelter Christ sind, mit dem Christentum vielleicht gar nichts (mehr) anfangen können, alte Verletzungen mit sich herumtragen oder einfach als zufriedener Atheist aus purer Neugier wissen wollen, ob Freiheit und Glauben wirklich zusammenpassen.

Martin Schultheiß & Fabian Vogt

Vieles von dem, was wir in diesem Buch beschreiben, beschäftigt uns auch als Kabarettisten – und wir singen und erzählen davon leidenschaftlich gern auf Kleinkunstbühnen. Einige der dabei entstandenen, frech-poetischen Texte haben wir mit aufgenommen. Zum Beispiel diese kleine Sammlung von Vorurteilen gegenüber Christinnen und Christen. Falls es welche sind.

Fromme Leute

Fromme Leute lesen täglich Bibel.
Fromme Leute machen niemals blau.
Fromme Leute klauen keine Löffel.
Fromme Leute fluchen nicht im Stau.
Fromme Leute lächeln immer freundlich.
Fromme Leute sind niemals obszön.
Fromme Männer gucken keine Pornos.
Fromme Frauen sind ohne Schminke schön.

Lieber Gott, mach mich fromm,
dass ich in den Himmel komm!
Oder nein, lass es sein,
vielleicht will ich gar nicht rein!
Was meinst du denn dazu?
Die Frage lässt mir keine Ruh:
Muss denn das alles so sein?

Fromme Leute gehen in die Kirche.
Fromme Leute kleiden sich adrett.
Fromme Leute singen fromme Lieder.
Fromme Bräute gehn allein ins Bett.
Fromme Leute nehmen keine Drogen.

Fromme Leute sind total verklemmt.
Fromme Frauen kriegen viele Babys.
Fromme Männer gehen niemals fremd.

Christen haben's schwer, nehmen's nicht leicht,
Außen hart und innen ganz weich.
Sind als Kind schon auf Christ geeicht.
Wann ist ein Christ ein Christ?

Fromme Leute missionieren gerne.
Fromme Leute hüten die Moral.
Fromme Leute gehn nicht in die Disco.
Fromme Leute beten vor dem Mahl.
Fromme Leute sammeln gern Kollekte.
Fromme Leute lesen niemals Brecht.
Fromme Frauen sind meistens Krankenschwestern.
Fromme Männer haben immer recht.

Fromme Leute mögen keine Heiden.
Fromme Leute vermeiden FKK.
Fromme Leute sündigen nur selten.
Fromme Leute sind dem Himmel nah.
Fromme Leute hörn Duo Camillo.
Fromme Leute machen niemals schlapp.
Fromme Frauen dienen in der Küche.
Fromme Männer treiben niemals ab.

Lieber Gott, mach mich fromm …

Von der Sehnsucht nach Freiheit

Glauben ist ganz einfach – wenn man nicht muss. Das heißt vor allem: Glauben ist nicht schwer. Also keinesfalls eine Last, eine Pflicht, eine heroische Aufgabe, eine Prüfung, eine stete Herausforderung oder gar ein notwendiges Übel. Zumindest sollte der christliche Glaube das nicht sein – sonst wäre er eher eine Drohbotschaft als eine »Frohbotschaft«. Und doch geistern solche Bilder immer wieder durch die Köpfe vieler Menschen: »Es ist hart und schwer, aber du musst glauben!« Da möchte man trotzig entgegnen: »Warum muss ich das eigentlich? Wollen: gerne. Müssen? Das kann es doch nicht sein.« Nein, kann es auch nicht. Trotzdem gab und gibt es unzählige Traditionen, in denen Kindern der Glaube regelrecht eingeprügelt wird: »Wenn du nicht glaubst, wirst du bestraft. Du musst Jesus lieben!« Dieser Schatten hängt schon ziemlich lange über dem Christentum.

> Wenn es stimmt, dass Glauben befreit, dann ist es wichtig, die zwanghaften Strukturen im Religiösen zu erkennen, zu verstehen und abzulegen.

Insofern ist es positiv, dass viele Menschen gerade in Deutschland solch totalitären Strukturen inzwischen äußerst kritisch gegenüberstehen und sich wehren: »Ich muss gar nichts.« Und das heißt: Wenn es stimmt, dass Glauben befreit und dass es sich lohnt, ihn als befreiendes Angebot auszuprobieren, dann ist es wichtig, die zwanghaften Strukturen im Religiösen zu erkennen, zu verstehen und abzulegen. Nur so kann wirkliche Freiheit entstehen.

Besonders gefährlich wird die Einstellung des »Du musst!« übrigens dann, wenn plötzlich Glauben und Leben gegeneinander ausgespielt werden. Auf der einen Seite gibt es scheinbar das wilde, freie, genussvolle, kluge und experimentierfreudige Leben, auf der anderen Seite den regulierenden Glauben, der eine stets angezogene Handbremse des Daseins darstellt: »Vorsicht, dass du nicht zu gerne lebst!« und »Alles, was Spaß macht, ist Sünde!« Das Symbol dieses Religionsverständnisses ist der mahnende, erhobene Zeigefinger.

Dahinter verbirgt sich in der Regel ein verblüffend negatives Welt- und Menschenbild, vor dem der Glaube vermeintlich retten muss: »Die Welt ist schlecht und du bist schlecht. Freue dich, wenn du von beidem erlöst wirst.« Das wollen die meisten Menschen aber gar nicht. Verständlicherweise. Und das steht so auch nicht in der Bibel. Obwohl die Erde und die Menschheit wahrlich ihre Macken und Tücken haben, sind beide nach biblischem Verständnis liebevoll von Gott geschaffen. Wer die Schöpfung verdammt, hält also auch nicht viel von ihrem Schöpfer. Sagen wir mal so: Dass die Welt aufgrund des menschlichen Übermuts an vielen Stellen einen starken Restaurierungsbedarf hat, gibt niemandem das Recht, sie grundsätzlich schlechtzumachen.

Auch im Neuen Testament stoßen wir überall auf Lebensbejahung (nicht auf eine grundsätzliche Verneinung alles Irdischen). Wenn Jesus jemandem begegnet, dann ist dieser, sofern er sich nicht unwillig abwendet, normalerweise nachher fröhlicher, entspannter, gesünder und lebenstüchtiger. Und: befreiter. Befreit von beengenden inneren und äußeren Fesseln – und gelassener, weil er eine neue, größere Perspektive für seine Existenz bekommen hat.

All das steht dem Leben nicht entgegen, sondern fördert es. Glauben sollte also niemals zum Ergebnis haben, dass ein Mensch weniger oder eingeschränkter lebt, er sollte immer dazu führen, dass jemand mehr »Leben« findet. Und zwar nicht erst irgendwann im Himmel, sondern hier und jetzt auf der Erde. Jesus verteilt doch keine Glücks-Gutscheine mit der Aufschrift »Für ein erfülltes Dasein«, die man ein Leben lang mit aller Kraft vor den bösen Einflüssen der Welt verteidigen muss und die dann erst nach dem eigenen Tod eingelöst werden können. Nein, er lädt ein, sich direkt auf der Erde dem Dasein leidenschaftlich zuzuwenden. Insofern hat Glauben grundsätzlich mit einem Gewinn an Lebensqualität zu tun.

Woher kommt es nun, dass sich in die Wahrnehmung des Christentums so viele beklemmende Facetten eingeschlichen haben? Und warum muss man oft mehrfach hinschauen, bevor man in den sichtbaren Kirchenstrukturen etwas von der Freiheit des Glaubens erkennt? Offensichtlich gibt es auf Glaubenswegen viele Möglichkeiten, sich zu verrennen und das Ziel aus dem Blick zu verlieren.

> Glauben hat grundsätzlich mit einem Gewinn an Lebensqualität zu tun.

Am besten verstehen wir das, wenn wir uns in einem ersten Schritt ein paar typische Charaktere anschauen, die sich oft und gerne in Diskussionen über den Glauben einbringen und die alle eines verbindet: das Gefühl, sie müssten irgendetwas vor irgendwem retten. Diese Typen sind nicht erfunden (so etwas kann man gar nicht erfinden), sie sind uns alle leibhaftig begegnet – und wenn wir von ihnen erzählen, sehr pointiert, bildhaft und sicherlich auch ein wenig überzogen, dann werden Sie ahnen, warum aus einem Glauben der Freiheit ganz schnell ein unschönes Ringen mit dem Dasein werden kann. Denn alle diese Charaktere weisen bestimmte zwanghafte Strukturen auf. Das heißt vor allem: Sie sind nicht wirklich entspannt in dem, was sie tun, sie wollen es nicht einfach nur, sondern sie denken, es sei ein absolutes »Muss«, und zwar für die gesamte Menschheit.

Und da ist es schon wieder, dieses hartnäckige »Muss«, das sich immer wieder als Ursprung aller Missverständnisse und Verengungen im Glauben entpuppt. Ein »Du musst« macht auf Dauer krank, weil es ein Leben unter Erwartungsdruck setzt und alles Gute von der Erfüllung irgendwelcher Bedingungen abhängig macht. Wir sind deshalb der festen Überzeugung, dass das »Müssen« den Glauben innerlich aushöhlt, ja, es lässt sich mit ihm nicht vereinbaren. Darum wollen wir in diesem Buch zeigen, dass jedes »Müssen« zutiefst unchristlich ist und gegen ein freiheitliches »Dürfen« ausgetauscht werden kann.

> Ein »Du musst« macht auf Dauer krank, weil es ein Leben unter Erwartungsdruck setzt und alles Gute von der Erfüllung irgendwelcher Bedingungen abhängig macht.

Welche verrückten Mechanismen hinter solchen Strukturen stecken, sehen Sie jetzt erst einmal in unserem bunten Panoptikum, durch das wir Sie führen möchten, eine einzigartige Sammlung frommer Figuren, die sich in der Welt des Glaubens finden. Schauen Sie mal, welche Muster Sie hinter deren Verhaltensweisen entdecken, die auf Dauer leider immer zu Unfreiheiten und Verengungen führen. Sehr verehrte Damen und Herren, Vorhang auf!

Die Weltretter

Diese interessante erste Spezies hat das innere Bedürfnis, die Welt vor der als äußerst unvollkommen empfundenen Kirche zu retten. Und deshalb weist sie geduldig und mit aller Deutlichkeit auf all die Dinge hin, die im Christentum bislang falsch gelaufen sind. Übrigens mit gutem Recht. Trotzdem ist es für jeden Pfarrer, der auf einer Party gefragt wird: »Na, was machst du denn so beruflich?«, ziemlich nervig, wenn die erste Reaktion auf seine Antwort regelmäßig lautet: »Was, du bist

Pfaffe? Also, das mit den Kreuzzügen fand ich ziemlich intolerant.« Ach! »Ja, und die Hexenverbrennungen waren irgendwie … frauenfeindlich!« So so! »Man liest ja auch immer wieder von Priestern, die sich an kleine Kinder ranmachen!« Stimmt. »Ich war auf einer Klosterschule, da mussten wir jeden Morgen zu einer Gruselandacht.« Oje, tut mir leid. »Und dass der Papst den Aidsinfizierten Kondome verbietet, ist wirklich ein Unding!«

Ja, natürlich ist es ein Unding. Und es gibt Tausende davon in der Kirche. Gut, wenn sie benannt werden – und noch besser, wenn sie auf Dauer beseitigt werden. Schlecht ist, wenn diese eingeschränkte, negative Sichtweise ihrerseits zwanghafte Züge annimmt und deshalb das Kind mit dem Bade ausschüttet. Nicht nur, weil Klischees und der stete Blick auf die Schattenseiten einer Institution immer zu falschen Wahrnehmungen führen, sondern auch, weil man von der menschlichen Schwachheit der Glaubenden zum Glück nicht auf die Falschheit oder Richtigkeit des Glaubens schließen kann. Die Grundthese unseres Buches lautet: »Glaube befreit« – und wenn er das nicht tut oder gar anderen schadet, dann ist es wichtig, den Fehlentwicklungen auf den Grund zu gehen. Genau das haben wir hier vor. Aber: Dass sich in der Kirche ein Haufen Sünder und fehlerhafter Leute findet, spricht – bei genauerem Hinsehen – eigentlich sogar für sie, weil Jesus genau diesen Leuten ein spirituelles Zuhause geben wollte und nie versprochen hat, dass sie in der Gemeinde vollkommen und fehlerlos sein würden.

> Man kann von der menschlichen Schwachheit der Glaubenden zum Glück nicht auf die Falschheit oder Richtigkeit des Glaubens schließen.

Also: Dass die Institution »Kirche« so oft versagt hat und sicher auch weiter versagen wird, ist zwar enttäuschend und manchmal unerträglich, jedoch kein Argument gegen den

Glauben selbst. Schließlich gilt: Wenn in einem Hilfswerk jemand Geld veruntreut, kann man ja auch nicht einfach übersehen, dass dieses Werk zugleich unzähligen Bedürftigen geholfen hat. Man sollte sich in einem solchen Fall für eine bessere organisatorische Struktur einsetzen, um Missbrauch vorzubeugen, aber nicht das ganze Hilfswerk verdammen.

Zwanghaft werden solche (in ihrem sachlichen Kern berechtigte) Kritiken immer dann, wenn sie von institutionellen Fehlern zu schnell und zu allgemein auf den Glauben an sich schließen – und wenn sie von den vermeintlichen Weltrettern zugleich als Schutzschild vor einer persönlichen Auseinandersetzung mit Gott genutzt werden: »Wenn die Kirche so ist … dann setze ich mich auch den dahinterstehenden Idealen nicht aus.« Anstatt über die Inhalte des Christentums nachzudenken, arbeitet man sich lieber an unschönen Äußerlichkeiten ab.

Dahinter verbirgt sich ein nachvollziehbarer Gedanke, der allerdings an der Realität völlig vorbeigeht: »Die Kirche muss vorbildlich sein, damit ich ihre Werte ernst nehmen kann.« Schön wär's. Tatsache ist: Sie wird es nie sein, denn jede Kirche muss immer wieder neu um ihre Werte ringen und steht immer in der Gefahr, sie zu verlieren – durch Nachlässigkeit oder durch Rechthaberei, durch persönliches Versagen oder durch organisatorische Mängel, durch fehlenden Realismus oder durch fehlenden Idealismus. In freiheitlichen Strukturen wird es immer Fehler geben, ja, sie sind sogar fundamental nötig, damit die Gemeinschaft sich kontinuierlich weiterentwickeln kann – und in unfreien Strukturen sind Fehler bereits Teil des Systems. Ein gesunder Umgang mit Fehlern sollte daher ein Grundwert jeder christlichen Gemeinschaft sein. Der Theologe Dietrich Bonhoeffer hat diesen Gedanken in seinem Buch »Gemeinsames Leben« sehr treffend zusammengefasst: »Wer seinen Traum von christlicher Gemeinschaft mehr liebt als die christliche Gemeinschaft selbst, der wird zum Zerstörer jeder christlichen Gemeinschaft, und ob er es persönlich noch so ehrlich, noch so ernsthaft und hingebend meinte.«

Dennoch gibt es sowohl innerhalb als auch außerhalb der Gemeinden Menschen, die von der Kirche Perfektion verlangen und dabei verkennen, dass gerade der Versuch, Fehler konsequent auszurotten, die meisten Fehler verursacht. Wenn wir Ihnen im Anschluss an dieses Panoptikum 10 Freiheiten vorstellen, dann geht es auch darum, die Muster zu entlarven, die institutionelle Strukturen immer wieder dazu bringen, ihre eigentlichen Werte zu verlieren.

Die Kulturretter

Während die erste ungewöhnliche Gruppe gern die Welt vor einer vermeintlich zu fehlerhaften Kirche retten will, möchte die zweite in erster Linie die gute Kirche vor der ach so bösen Realität retten, weil sie das Gefühl hat, dass die üblen Machenschaften der modernen Gesellschaft die Institution bedrohen. Diese beiden Rettertypen machen also, wenn man so will, genau das Gleiche – nur aus verschiedenen Positionen heraus. Und das zeigt: Das Problem einer voreiligen Abgrenzung aufgrund von klischeehaften Verallgemeinerungen haben nicht nur kritische Zeitgenossen mit den Kirchen, sondern gerade auch die Kircheninsider mit den Alltagsmenschen.

> Ein gesunder Umgang mit Fehlern sollte ein Grundwert jeder christlichen Gemeinschaft sein.

Als man im Zeitalter der Aufklärung anfing, bis dahin stets als selbstverständlich angesehene religiöse Strukturen in Frage zu stellen, entstand bei vielen Christinnen und Christen eine große Angst, die Kirchen könnten ihre Bedeutung verlieren.

Kein Wunder, dass diese Entwicklung in den folgenden Jahrzehnten zu einem ungeheuren Drang nach Bewahrung führte: »Wir müssen die guten und schönen Traditionen der Kirche gegen die kritische, uns angreifende Welt verteidigen.« (Da ist es wieder: das »Muss«.) Und dieser Drang war so groß, dass man irgendwann begann, auch diejenigen Traditionen vehement zu schützen, die eigentlich nur kulturell bedingt oder längst überholt waren und sind. Als »heilig« galten auf einmal nicht mehr nur Gott und seine Botschaft, sondern auch die Musik, die Liturgie, die Sprache, der Altar, die Kirchenbänke, die Hierarchie und die Talare.

Als »heilig« galten auf einmal nicht mehr nur Gott und seine Botschaft, sondern auch die Musik, die Liturgie, die Sprache, der Altar, die Kirchenbänke, die Hierarchie und die Talare.

Auch die evangelikale Bewegung, die weitgehend konservativ geprägt ist und sich auf die Irrtumslosigkeit der Bibel beruft, entwickelte sich erst im 19. Jahrhundert als Antwort auf den allgemeinen Relativismus. All die Jahrhunderte vorher hatte die Christenheit überhaupt kein Problem mit der Vorstellung, dass im Alten und Neuen Testament begeisterte Menschen sehr subjektiv von ihren vielfältigen Erfahrungen mit Gott erzählen. So hätte Martin Luther zum Beispiel den Jakobusbrief, der seiner eigenen theologischen Konzeption im Wege stand, am liebsten aus der Bibel herausgeworfen. Er hat ihn dann zwar doch dringelassen, aber weit nach hinten verschoben, um seine Bedeutung zu schmälern.

Die katholische Lehre, der Papst sei bei bestimmten Verlautbarungen »unfehlbar«, wurde ebenfalls erst 1870 zum Dogma erhoben – und entspringt letztlich ebenfalls der (leider nicht sehr auf Gott vertrauenden) Angst vor Autoritätsverlusten. Da sind also Protestanten und Katholiken in die gleiche Falle gelaufen. Anstatt sich hinzustellen und zu sagen: »Unser

Glaube ist so groß, heilsam, wunderbar und millionenfach durch Erfahrungen bestätigt, dem kann eure Kritik gar nichts anhaben«, fingen viele Christinnen und Christen an, sich hinter selbst gemachten dogmatischen Bollwerken zu verschanzen: »Die Bibel ist heilig. Und wer sie kritisch hinterfragt, ist ein Feind des Glaubens. Mit dem brauchen wir uns gar nicht erst auseinanderzusetzen.« Wer so denkt, merkt oft gar nicht, dass dies keine Position der Stärke, sondern eine der Schwäche ist. Trotzdem ist es ein beliebtes und häufig vorgebrachtes Argument.

Gehen wir noch einmal einen Schritt zurück. Die Aufklärung betonte ja vor allem einen Grundgedanken: »Wage es, selbst zu denken.« Ein Impuls, der eigentlich gut zu einer christlichen (besonders einer protestantischen) Kirche passen würde. Mündige Menschen, die Verantwortung übernehmen können, sind ja durchaus auch ein Idealbild der Bibel. Bei vielen Kirchenvertretern entstand jedoch die Angst: »Moment mal. Wenn jeder denkt, was er will, endet der Glaube möglicherweise in völliger Beliebigkeit. Also müssen wir – unter Hinweis auf den Offenbarungscharakter der Bibel und mit den Mitteln der Vernunft – den Glauben in ein festes und eindeutiges System einordnen. Richtig glauben heißt vor allem richtig über den Glauben denken, und was richtig ist, wird von anerkannten theologischen Lehrern ausgearbeitet.« Glauben wird dann nicht durch Beispiel und Erfahrung, also durch gelebtes Leben weitergegeben, sondern durch Erziehung und Belehrung. Im Gottesdienst tauscht man keine Glaubenserfahrungen aus, sondern lauscht einer Predigt. Nicht umsonst hört man oft, die Kirche wolle die Menschen zum Nachdenken bringen: Einer denkt vor und die anderen müssen das dann nachdenken.

> Die Aufklärung betonte vor allem einen Grundgedanken: »Wage es, selbst zu denken.«

Die Folge davon war: Jahrhundertelang wurden Glaube und individuelles Denken nicht nur gegeneinander ausgespielt, sie wurden sogar zwei völlig verschiedenen Sphären der Weltwahrnehmung zugeordnet. Das ist insofern skurril, als die frühen Aufklärer wie Lessing oder Kant ja äußerst leidenschaftlich nach der Wahrheit suchten und sich im Kern gar nicht gegen den Glauben an sich, sondern nur gegen seine institutionalisierten Machtstrukturen gewandt hatten.

Diese Entwicklungen hatten markante Folgen. Erstens: Das offene, kritische Gespräch über den Glauben wurde zugunsten des Lehrens kirchlich anerkannter Begrifflichkeiten immer mehr zurückgedrängt. In den tradierten Kirchenstrukturen gibt es kaum noch Formen, in denen Menschen ihren persönlichen Glauben frei und gemeinschaftlich thematisieren können. Der ursprünglich rein politisch motivierte Satz »Glauben ist Privatsache« wurde damit von den Kirchen selbst massiv gefördert. Kein Wunder, dass es bald zu einer Gegenwehr kam: Weil die allzu trockene Vernünftelei vielen Gläubigen nicht ausreichte, entstanden vielerorts neue Gruppierungen (zum Beispiel die heutigen Freikirchen), die gerne etwas von der ursprünglichen Leidenschaft, der persönlichen Spiritualität und der intensiven Gemeinschaft wiederentdecken wollten.

Zweitens: Die Tatsache, dass die neu aufkeimende Sehnsucht nach gelebter Religiosität oft in theologischem Fundamentalismus, in Enge und in Radikalismus endete, führte unglücklicherweise noch mehr dazu, dass in den meisten christlichen Gemeinschaften heute ein relativ leidenschaftsloser Glaube gepflegt wird. Die Emotionen wurden immer kritischer betrachtet und die Fixierungen auf das Wort immer stärker. Getreu dem Motto: »Entscheidend ist, dass wir richtig über den Glauben denken«, konzentrierte man sich auf dogmatische »Richtigkeiten«. Dabei geriet der eigentliche Lebensvollzug oftmals in den Hintergrund. Und so kam und kommt es zu der Absurdität, dass bis heute viele Menschen meinen, wenn man nur genügend über Freude gesprochen hätte, müsse man sie nicht mehr erleben. Der Pfarrer, der mit Grabesstimme über die Freude redet, ist jedenfalls ein beliebtes Kabarettmotiv.

Drittens: Das Aufkommen unterschiedlichster Glaubensgemeinschaften förderte darüber hinaus auf allen Seiten unangenehme Distanzierungen. Anstatt miteinander die Wahrheit zu suchen oder einander darin zu unterstützen, gab es plötzlich ganz viele »Wahrheiten«: die katholische, die evangelische, die freikirchliche und so weiter. In den Auseinandersetzungen zwischen den verschiedenen Konfessionen geht es meistens weniger um die Frage, ob und auf welche Weise Jesus Christus »die Wahrheit« ist, sondern darum, die eigene, »allein richtige« Interpretation dieser Wahrheit als allgemein verbindlich durchzusetzen. Die Folge: Jede dieser Gemeinschaften versucht krampfhaft und mit viel Energie, sich von den anderen abzugrenzen und sich selbst als die »wahrste« Konfession zu etablieren. Kein Wunder, dass viele durch diese Streitereien abgestoßen werden: »Die wissen ja selbst nicht, was sie glauben. Und sehr christlich gehen die auch nicht miteinander um.«

> Uns geht es darum, den Ansatz der Aufklärung für das Christentum neu zu entdecken und zu sagen: »Wage es, selbst zu glauben!«

Uns geht es in diesem Buch darum, den Ansatz der Aufklärung »Wage es, selbst zu denken« für das Christentum neu zu entdecken und zu sagen: »Wage es, selbst zu glauben!« Denn dann wird nicht nur der persönliche Glauben neu relevant werden, sondern die Leidenschaft auch ohne dogmatische Engführung wachsen und die Abgrenzung einem echten Miteinander weichen.

Die Seelenretter

Ein weiterer charakteristischer Typus, der in vielen christlichen Kreisen auftritt, fühlt sich persönlich dafür verantwortlich, dass die Seelen aller Menschen gerettet werden. Die Seelenretter verstehen die befreiende Botschaft Jesu so, dass eigentlich jeder Nichtbekehrte aufgrund der menschlichen Verderbtheit erst einmal verdammt ist und in die Hölle kommt – wenn nicht sie, die Seelenretter, dem Verlorenen rechtzeitig die rettende Hinwendung zu Gott nahebringen.

Theologisch brauchen wir hier gar nicht zu streiten. Natürlich betont die Bibel, dass es nicht egal ist, wie ein Mensch lebt. Was das bedeutet, werden wir später noch genauer betrachten. Dennoch sei hier vorab schon einmal die Frage erlaubt, wie sich die Vorstellung von der allgemeinen Verdammung und der Entsendung aller Sünder in die ewigen Qualen der Unterwelt überhaupt mit einem liebenden Gott vereinbaren lässt, dem laut Zeugnis der Bibel jeder Mensch unendlich wichtig ist: »Was ist der Mensch, dass du seiner gedenkst?«, heißt es in Psalm 8. Als Väter von je zwei Kindern können wir nur sagen: Wenn unsere Kinder sich aus lauter Übermut mal gegen uns wenden oder unsere »Gebote« missachten, schicken wir sie jedenfalls nicht gleich in die Hölle. Und wir können uns nicht vorstellen, dass Gottes Liebe kleiner ist als die von einfachen Familienvätern.

Viel entscheidender ist im Moment, was die Einstellung des »Seelenrettens« für die Menschen bedeutet. Es mag überspitzt klingen, aber wir haben mal einen jungen Mann getroffen, der uns Folgendes erzählte: »Ich kann nachts nicht schlafen, weil ich andauernd daran denken muss, wie viele Menschen wegen mir in die Hölle kommen.« Und als wir verdutzt nachfragten, sagte er: »Ja, ich sitze jeden Morgen in der U-Bahn und versuche möglichst jedem Menschen von Jesus zu erzählen, damit er nur ja nicht verloren geht. Aber ich schaffe es einfach nicht, allen ein Traktat in die Hand zu drükken.« Natürlich nicht. Und das ist wahrscheinlich auch besser so. Das Letzte, was Menschen heute brauchen und suchen, sind Fließband-Missionare. Und: Ahnen Sie, unter welchem Druck dieser Mann steht? Er glaubt tatsächlich, das Heil der Menschen läge in seinen Händen. Ist der wohl frei? Nein. Er ist voller Angst, zu versagen, und wird zeit seines Lebens das grausame Gefühl haben, nicht genug für Gott getan zu haben. Ja, er wird möglicherweise sogar denken, sein eigenes Seelenheil sei in Gefahr, wenn er nicht genügend in die Bekehrung anderer investiert.

> Kein Mensch, keiner von uns kann die Welt retten. Und das muss er auch nicht. Das mit der Weltrettung ist Gottes Sache.

Nun, das mag ein Extremfall sein, das dahinterstehende Denken ist es jedoch nicht. Zu viele Menschen in den Gemeinden glauben, sie müssten (!) die Seelen der Leute retten. Und wenn dann noch leichtsinnig Parolen ausgestreut werden, die besagen, Gott könne nur durch uns handeln, wir seien »seine Hände und Füße auf Erden« und ohne uns sei er machtlos, ist das nicht nur theologisch fragwürdig, sondern auch ein wenig überheblich. Kein Mensch, keiner von uns kann die Welt retten. Und das muss er auch nicht. Welch ein Glück. Das mit der Weltrettung ist Gottes Sache. Nicht, dass wir uns falsch verstehen: Natürlich sind alle Glaubenden herzlich eingeladen, immer wieder und überall begeistert von ihrem Glauben zu schwärmen, anderen von dieser lebensverändernden Liebe zu erzählen und intensiv am Bau des Reiches Gottes mitzuwirken. Ja, wenn man sich die Realität ansieht, sollte man sogar deutlich sagen: Das passiert viel zu wenig. Es ist also bestimmt nichts Schlechtes daran, wenn jemand anderen Menschen etwas von dem Glauben weitergeben will, der sein Leben reich macht und ihm die Perspektive der Ewigkeit eröffnet. Uns geht es hier vor allem um die dahinterstehende Einstellung. Wenn das Ganze von einem »Muss« geprägt ist, stimmt etwas nicht, weil sich Begeisterung eben nicht befehlen lässt. Das Schwärmen und Mitanpacken werden die Menschen von sich aus tun, wenn ihr Glaube sie frei macht und fasziniert. Das ist der richtige Weg.

Die Lust, das Evangelium weiterzusagen und anderen Menschen von Gott zu erzählen, sollte immer die Folge eines gesunden Glaubens sein, niemals ein Zwang.

Natürlich: Jesus fordert seine Jünger ganz offiziell auf, seine Botschaft zu verkündigen. Aber er verknüpft diese Forderung nicht mit irgendwelchen Erfolgsprämien. Im Gegenteil, er sagt: »Wenn man euch nicht zuhören will, dann zieht eben weiter.« (Lk. 10,1-12) Die Lust, das Evangelium weiterzusagen und anderen Menschen von Gott zu erzählen, sollte immer die Folge eines gesunden Glaubens sein, niemals ein Zwang: Weil ich mit Gott herrliche Erfahrungen mache, will ich, dass alle Welt davon erfährt. Nicht, weil mir jemand befiehlt: »Du musst den Leuten sagen, dass du froh bist.« Das endet immer im Krampf. In diesem Zusammenhang darf man auch nicht verschweigen, dass die Abneigung, die viele gegenüber evangelistischen Veranstaltungen empfinden, genau der Tatsache entspringt, dass sie eben nicht nach einer herzlichen Einladung klingen, sondern nach einem: »Du musst.«

Dazu kommt, dass die zwanghafte Einstellung mancher Seelenretter leider zu einem äußerst fragwürdigen Menschenbild führt: Derjenige, der noch nicht glaubt, wird als defizitär, als mangelhaft betrachtet – und allzu oft auch so behandelt: »Dir fehlt etwas! Du bist ungenügend.« Das scheint zwar aus der Sicht einer von Gott bewegten Person richtig zu sein, schreckt aber ab. Wer will schon von oben herab behandelt werden? Darum heißt es im ersten Petrusbrief in der Bibel ja auch sehr nachdrücklich: »Wenn man euch nach eurer Hoffnung fragt, dann seid immer bereit, darüber Auskunft zu geben, aber freundlich und mit Achtung für die anderen.« (1. Petr. 3,15-16)

Das alles bedeutet: Wer denkt, es läge an ihm, ob seine Nachbarschaft den Himmel kennenlernt, wird nie befreit glauben können, weil er sich eine Verantwortung aufbürdet, die er nicht tragen kann. Und die auch niemals zu erfüllen ist. Die aber enorm unter Druck setzt. Früher haben wir in Gemeindegruppen zum Beispiel viel darüber diskutiert, was denn wohl mit dem armen »Kind im abgelegenen afrikanischen Busch« sei, das in seinem gesamten Leben nichts von der guten Botschaft Jesu hören könne. Und im Hintergrund klang da immer ein leichter Vorwurf mit: »Ja, wenn du nicht in die Afrika-Mission gehst, dann kommt das kleine Wesen eben in die Hölle.« Nein, kommt es nicht. Jedenfalls nicht wegen uns. Ganz nebenbei: Heute hat man den Eindruck, dass der Glaube der meisten Christinnen und Christen »im abgelegenen Busch« wesentlich intensiver, fröhlicher und entspannter ist als der unsere. Es gibt glücklicherweise immer wieder Menschen, die begeistert in die Mission gehen. Das ist wunderbar. Aber Zwang bringt keinen Segen.

> Glaube breitet sich aus, wenn er Menschen frei macht. Es gehört zum Wesen des Glaubens, dass er ansteckt – und nicht erobert.

Glaube breitet sich aus, wenn er Menschen frei macht – weil sich alle nach Freiheit sehnen. Es gehört zum Wesen des Glaubens, dass er ansteckt – und nicht erobert.

Die Selbstretter

Wahrscheinlich ist diese Gruppe die größte von allen: Menschen, für die – auch wenn sie es vermutlich anders gelernt haben – der Glaube im Wesentlichen ein gutes Geschäft ist.

»Ich muss etwas Bestimmtes leisten oder erfüllen, dann komme ich in den Himmel. Wenn ich halbwegs anständig lebe, wenn ich die Gebote halte, wenn ich Geld spende, wenn ich die Umwelt schone, wenn ich in die Kirche gehe, wenn ich mich in der Gemeinde engagiere, wenn ich Gutes tue, wenn ich Kröten vor den Autofahrern rette … dann, ja dann belohnt mich Gott.« Zusammenfassend könnte man sagen: Es geht bei dieser Form des Glaubens vor allem um einen Handel. Ich muss hier auf Erden etwas investieren, um am Ende meinen verdienten Lohn abholen zu können: den Einzug ins Paradies. Und daraus entsteht dann oft die Vorstellung, das ganze Leben sei irgendwie eine einzige »Castingshow«, in der Gott in der Jury sitzt und am Ende alle Fehler und Patzer aufrechnet.

Das mag überdreht klingen, aber die wirklichen Gottesbilder, die in den Selbstrettern herumgeistern, sind manchmal noch viel schlimmer: Da ähnelt Gott einem »Big Brother«, der im Himmel sitzt, Wohlverhalten erwartet und uns tagein, tagaus kontrolliert. Gott wacht nicht nur, er überwacht. Und jeder muss immerzu aufpassen, dass er nicht versagt. Kennen Sie das gruselige Kinderlied »Pass auf, kleines Auge, was du siehst, denn der Vater im Himmel schaut herab auf dich. Drum pass auf, kleines Auge, was du siehst«? Wenn Sie es nicht kennen, seien Sie froh. Da wird schon kleinen Kindern eingetrichtert, dass Gott nur darauf wartet, dass sie einen Fehler machen: »Achte genau darauf, was du tust, denn sonst verspielst du dir den Himmel.«

Schon kleinen Kindern wird eingetrichtert, dass Gott nur darauf wartet, dass sie einen Fehler machen: »Achte genau darauf, was du tust, denn sonst verspielst du dir den Himmel.«

Der Haken dabei ist, dass die Selbstretter Gott nicht deshalb achten, weil sie ihn lieben und ihm vertrauen, sondern weil sie sich etwas davon versprechen. Letztlich stellen alle, die so denken, nicht Gott, sondern sich selbst in den Mittelpunkt. Es geht ihnen darum, dass sie etwas vom Glauben haben. Die Motivation dahinter ist dabei allerdings nicht Ehrfurcht, sondern wieder einmal Angst. Die Selbstretter fürchten Gott insgeheim. Und das führt – wie viele Psychologen bestätigen können – auf Dauer zu echten Persönlichkeitsschäden. Kein Mensch kommt damit klar, dass Gott ihm wie ein personifiziertes schlechtes Gewissen im Nacken sitzt und ihm deutlich macht: »Ich warte nur darauf, dass du einen Fehler begehst.« Und das ist keineswegs persifliert. Schauen Sie sich mal die vielen heiteren Cartoons, Filme, Comics oder Bilder an, auf denen ein Engel als himmlischer Stellvertreter versucht, den Menschen ja auf der rechten Bahn zu halten. Nur sitzt leider auf der anderen Schulter immer das Teufelchen, das offensichtlich viel mehr vom Lebensgenuss versteht als der Spielverderber mit Flügeln.

> Der Druck, perfekt zu leben, um Gott zu gefallen, kann richtig krank machen.

Angst ist und bleibt eine schlechte Glaubensmotivation. Vor allem ist sie das Gegenteil von dem, was Jesus verkündet hat. Er will doch gerade, dass Menschen ihre Angst verlieren. Insofern stimmt etwas an dem Selbstrettungsmodell nicht. Ähnlich wie bei den Seelenrettern kommt dazu, dass der seltsame Wunsch nach Selbsterlösung unsere Kräfte einfach übersteigt. Wir wissen doch, dass wir immer wieder Dinge falsch machen. Der Druck, perfekt zu leben, um Gott zu gefallen, kann deshalb richtig krank machen.

Martin Luther, der große Reformator, ist sicherlich das beste Beispiel für den Ausstieg aus dem unschönen Selbstrettungsansatz. Luther lebte im 16. Jahrhundert, in einer Zeit, in der Menschen die Angst vor der Verdammnis so verinnerlicht hatten, dass sie bereit waren, für viel Geld sogenannte »Ablässe« zu kaufen, also sich geistlich zu »entschulden«, indem sie für eine bestimmte Missetat einen bestimmten Betrag entrichteten: »Einmal fremdgegangen – macht drei Goldstücke. Bezahle und der Seitensprung wird im Himmel vergessen.« Sünden wurden zu einer Handelsware, die man mit Geld entsorgen konnte. So wie man heute für die Schadstoffentsorgung auf der Deponie bezahlt. Letztlich wird etwas von diesem merkantilen Denken auch da sichtbar, wo man für einen Fehltritt »vier Ave-Maria und drei Vaterunser« beten muss. Für viele Selbstretter läuft dieses Handeln andauernd innerlich ab: »Ich muss mich bewähren – und habe dabei die ganze Zeit die Angst, es womöglich am Ende doch nicht zu schaffen.«

Luther, der sich über Jahre verzweifelt fragte, wie er denn »einen gnädigen Gott« bekomme könne, stieß bei seinem Studium auf einige markante Bibelverse. Verse, die dem frommen Handelsdenken ganz klar widersprachen, irgendwie in Vergessenheit geraten waren und das Dasein des späteren Reformators von Grund auf veränderten. Sie stehen im Römerbrief und lauten zusammengefasst: »Alle Menschen sind Sünder und nicht so, wie Gott sie sich gedacht hat, aber durch Gottes Gnade, durch die Erlösungstat Jesu, werden sie gerecht … Das heißt: Sie werden nicht dadurch gerecht, dass sie sich an das Gesetz halten, sondern nur durch den Glauben.«

Dieser Gedanke war und bleibt eine Revolution in der gesamten Religionsgeschichte und wird so pointiert auch nur im Christentum geglaubt: Kein Mensch kann sich den Himmel verdienen. Nicht mit dem »heiligsten« Leben der Welt. Und auch nicht durch »fromme« Aktivitäten wie Gebete, Bibellese, Bußübungen oder Gottesdienstbesuche. Deswegen sind alle Selbstretter auf einem fürchterlichen Holzweg und ist der christliche Glaube erst einmal ungemein entspannend. Niemand muss gut sein oder die Gebote halten, um vor Gott als gerecht, also als »angenommen« zu gelten. Keine noch so hehre Tat kann dazu irgendetwas beitragen. Es geht nur um den Glauben. Aber das ist eher eine Herzens- als eine Verstandesangelegenheit. Wenn ich glauben kann, dass Gott mich mit all meinen Ecken und Kanten liebt, und es zulasse, dass diese Liebe in mir wirksam wird, dann freut sich Gott darüber mehr als über alle Wohlanständigkeit – und dann ist meine Schuld, meine Fehlerhaftigkeit ein für allemal getilgt. Denn wer versteht, dass Gott selbst alles aus dem Weg geräumt hat, was zwischen ihm (sprich: dem so begehrten »Himmel«) und den Menschen steht, und wer das für sich annehmen kann, der hat etwas so Grundlegendes über die Liebe verstanden, dass er Gott schon sehr nah ist.

> Kein Mensch kann sich den Himmel verdienen. Auch nicht mit dem »heiligsten« Leben der Welt.

Heißt das nun, dass Christinnen und Christen jeden Unsinn machen sollten? Natürlich nicht. Und sie werden es auch gar nicht wollen, wenn sie von der Liebe erfüllt sind. Dazu kommen wir ausführlich im Kapitel über die 4. Freiheit, bei der wir die Frage der Ethik genauer betrachten. An dieser Stelle ging es erst einmal darum, einen weiteren kleinen Denkfehler aufzuzeigen, der immer wieder für Unfreiheiten sorgt.

Die Glaubensretter

Diese Spezies könnte man auch als eine Unterart der Kulturretter betrachten. Doch während es den Kulturrettern vor allem um die Bewahrung der Institution »Kirche« und der damit verbundenen Traditionen geht, fühlen die Glaubensretter grundsätzlich den Auftrag, den Glauben in dieser Welt zu bewahren: »Der gute Glaube an Jesus Christus darf nicht verloren gehen. Wir müssen alles dafür tun, dass der Glaube bewahrt bleibt. Was wäre unsere Welt ohne Glauben? Seht doch, wie Europa immer mehr säkularisiert wird, wie die Werte verfallen und im Fernsehen Sodom und Gomorra wieder auferstehen.«

Tatsächlich sind auch wir der Meinung, dass unsere Welt wesentlich ärmer und trauriger wäre, wenn es keinen Glauben mehr gäbe. Aber: Es ist nicht Auftrag der Menschen, den Glauben zu retten. In der Bibel jedenfalls steht das nicht. Darum ist es auch so merkwürdig, wenn in Talkshows, Podiumsdiskussionen, Zeitungsbeiträgen, Leserbriefen oder Internetforen Menschen verzweifelt dafür kämpfen, dass der Glaube doch bitte seine Bedeutung behalten möge. Dass ist ein gut gemeintes Ansinnen, aber nicht nur äußerst fragwürdig, sondern sogar in sich falsch. Warum? Ganz einfach: Jeder, der meint, er müsse den Glauben retten, hat nicht verinnerlicht, dass es um etwas ganz anderes geht: nämlich darum, dass der Glaube ihn retten will. Wir werden gerettet: Das ist der Kern des Evangeliums. Man könnte diesen Satz sogar noch weiter zuspitzen: Es lohnt sich überhaupt nicht, den Glauben zu verteidigen. Entweder er verteidigt sich selbst, weil er durch seine lebensstiftende Kraft überzeugt, oder er ist es nicht wert, verteidigt zu werden. Wenn der christliche Glaube richtig ist, wird er sich durchsetzen.

Jeder, der meint, er müsse den Glauben retten, hat nicht verinnerlicht, dass es um etwas ganz anderes geht: nämlich darum, dass der Glaube ihn retten will.

In der Praxis bemühen sich die Glaubensretter so intensiv, das Heilige zu bewahren, weil sie Angst haben, man könne zu salopp mit Glaubenswerten umgehen. Als Kabarettisten haben wir das oft genug erlebt. Zum Beispiel, dass Menschen zutiefst davon überzeugt waren, die heiteren Scherze zweier frecher Burschen könnten Gott oder seinem Ruf in der Welt ernsthaft etwas anhaben. Kein Scherz, sondern eine echte Rückmeldung ist zum Beispiel folgende Mail, die wir einmal erhalten haben: »Seit ich Ihr Programm gesehen habe, bedaure ich es, dass die Inquisition abgeschafft wurde.« Dieser goldene Satz hat sich einen Stammplatz in unserem Kabarettprogramm erobert.

Als unser Tourneeplakat uns mit nacktem Oberkörper und Bäffchen zeigte, gab es in einigen Gemeinden Menschen, die diese Bilder erbost von den Wänden rissen, weil sie der Überzeugung waren, damit würde die Heiligkeit des Glaubens lächerlich gemacht. Ein Mann blaffte uns sogar an, solche Plakate seien schuld an den Ereignissen des 11. September. Er hatte wohl den Eindruck, das Heilige (Pfarrerbild!) würde ins Lächerliche gezogen und damit so sehr untergraben, dass auch alle christlichen Werte in Gefahr seien. Leider gab es für uns keine Gelegenheit, ihm zu sagen, dass Terrorismus vorwiegend in Ländern und Gruppierungen entsteht, in denen solche Plakate verboten sind. Welche Ausmaße eine derartige Einstellung haben kann, wurde durch den sogenannten »Karikaturenstreit« deutlich, in dem sich muslimische Gruppen durch einige Bilder so angegriffen fühlten, dass sie ihrerseits ausländische Fahnen und Botschaften in Brand steckten. Und wenn Christinnen und Christen gegen die Verfilmung von Dan Browns »Sakrileg« auf die Straße gehen, steckt dahinter dieselbe Angst.

Also: Wer den christlichen Glauben retten will, weil er denkt, er würde damit den Grundwerten Europas, der Ethik, der Nächstenliebe oder dem lieben Gott selbst einen Gefallen tun, der irrt. Auch hier gilt: Wenn der christliche Glaube neue Kraft entfaltet, dann nur, weil Menschen ihn wieder als befreiend und sinnvoll erleben. Nicht, weil einige Leute verzweifelt versuchen, ihn vor dem Untergang zu retten. Im Gegenteil: Da, wo jemand in eine Verteidigungshaltung gerät und nun händeringend darum bemüht ist, zu erklären, warum Glauben doch bitte schön geachtet werden sollte, kann er nur verlieren. Das wissen wir doch alle aus eigener Erfahrung nur zu genau: Menschen, die uns wortreich erklären, dass sie besonders begabt und wahrhaft wunderbar seien, bleiben uns immer suspekt. Entweder ich erlebe sie als begabt und wunderbar, oder ich vertraue ihnen nicht.

Allen Menschen, die pausenlos darum kämpfen, dass der Glaube seine Bedeutung behält, kann man nur sagen: »Entspannt euch! Wenn ihr überzeugt seid, dass es Gott gibt und dass er mit der Welt Gutes vorhat, dann vertraut ihm doch mal. Gott kann gut auf sich selbst aufpassen. Aber er ist gar nicht wirklich in Gefahr. Wodurch sollte denn der Schöpfer des Himmels und der Erde in Gefahr geraten? Also: Wenn er nicht in Gefahr ist, muss man ihn auch nicht retten. Und wenn man Gott nicht retten muss, dann muss man auch den Glauben nicht retten.«

> Gott kann gut auf sich selbst aufpassen.

Die Segensretter

Eine ganz besondere Schar in unserer Sammlung sind die Segensretter, also diejenigen, die der festen Überzeugung anhängen, Christinnen und Christen seien gesegneter als andere Menschen. Zu Deutsch: Sie sind wohlhabender, gesünder und behüteter. Dahinter versteckt sich zumeist ein nordamerikanisch geprägtes Wohlstands-Evangelium, das gerade zu Beginn des 21. Jahrhunderts an vielen Orten neu hervorbricht: »Glaube, weil du dann erfolgreich bist.« Dieser optimistische Ansatz klingt allerdings schon beim ersten Hinhören so, als ob er nicht gänzlich uneigennützig wäre. Natürlich kann eine solche Einstellung unterschiedlich intensiv ausgeprägt sein, aber das dahinterstehende Denken hat mehr Einfluss, als wir ahnen.

Deutlich wird das etwa bei der Praxis der Kindertaufe. Wenn man Taufeltern fragt, warum sie ihre Kinder taufen wollen, kommt zumeist die Antwort: »Ja, der Segen ist doch so eine Art Schutz. Und wir wollen auf jeden Fall, dass unser Kevin und unsere Chantal von Gott beschützt werden.« Da klingt schon wieder das Motiv des Handels mit Gott durch: »Ich lasse mein Kind taufen, dafür passt du, Gott, gut darauf auf.« Stimmt das denn wirklich: Wer glaubt, dem geht es besser? Ja und nein. Schauen wir uns das mal etwas genauer an.

Erst einmal: Ja. Wer glaubt, dem geht es tatsächlich statistisch gesehen besser. Und zwar nicht nur seiner Seele, sondern nachweislich auch seinem Körper. Das hat sicher viel damit zu tun, dass die meisten Christinnen und Christen für sich, ihre Gesundheit und die Welt Verantwortung übernehmen, dass sie ihr Leben in einem größeren Zusammenhang sehen, dass sie Gott Heilungen zutrauen und dass sie sich von ihm immer wieder in Frage stellen lassen, also das eigene Dasein kritisch reflektieren. Weil Glaubende anders denken, leben sie anders – und das hat positive Konsequenzen. Da ist es natürlich besonders schön, dass immer wieder Statistiken auftauchen, die den Zusammenhang von Glauben und Segen zu bestätigen scheinen: Eine Studie hat zum Beispiel ergeben, dass gläubige Menschen im Schnitt sieben Jahre länger leben als Nichtgläubige. Wenn das mal kein Grund ist, Christ zu werden!

> Dass ein gesunder Glaube tendenziell auch zu einem besseren Leben führt, ist keine große Überraschung, dazu bedarf es der Statistiken bestimmt nicht.

Und es geht noch weiter: Glaubende sind nach Operationen im Durchschnitt deutlich früher wieder auf den Beinen, haben größere Heilungschancen und bekommen seltener Herzinfarkte. Und – damit kommen wir zum Höhepunkt dieses kleinen statistischen Exkurses: Laut einer amerikanischen Untersuchung erleben christliche Frauen signifikant häufiger einen Orgasmus als andere. Dass ein gesunder Glaube tendenziell auch zu einem besseren Leben führt, ist allerdings keine große Überraschung, dazu bedarf es dieser (möglicherweise anfechtbaren) Statistiken bestimmt nicht.

Nur: Man kann die Frage nach dem Segen genauso gut auch mit »Nein« beantworten. Es gibt tiefgläubige Menschen, die Krebs bekommen, deren Ehe in die Brüche geht, die ihren Job verlieren oder deren Kinder von einem Auto überfahren werden. Die meisten Christen können aufgrund ihres Glaubens mit derartigen Schicksalsschlägen in der Regel besser umgehen, weil sie Gott bei sich wissen, aber sie sind davor nicht gefeit. Und hier liegt das große Gefahrenpotenzial der Segensretter. Sie neigen dazu, die Unglücklichen, Kranken, Arbeitslosen, Armen plötzlich als Entsegnete anzusehen: »Ja, wenn es euch nicht gut geht, dann stimmt wohl etwas mit eurem Glauben nicht.« Und dann kommt es zu Sätzen wie diesem: »Gott kann alle Krankheiten heilen. Du musst (!) nur genug beten und glauben, dann wirst du auch wieder gesund.« Tatsächlich kennen wir erstaunliche Fälle, in denen Menschen gesund geworden sind, obwohl kein Arzt mehr mit einer Heilung rechnete. Wir kennen aber auch genügend überzeugte Christinnen und Christen, die bis zum letzten Atemzug geglaubt und gebetet haben – und trotzdem qualvoll an ihrem Tumor zugrunde gingen. Das Letzte, was diese Menschen brauchten, war jemand, der in diesem Moment salbungsvoll ihren Glauben in Frage stellte. Jesus selbst staucht seine Jünger einmal ziemlich zusammen, als sie wissen wollen, für welche Sünde ein Mann denn mit seiner Blindheit bestraft worden sei: »Hört auf, so etwas auch nur zu denken. Sein Leiden hat nichts, aber auch überhaupt nichts mit einer Sünde oder Ähnlichem zu tun.« (nach Joh. 9,3)

Gesunder Glauben hat positive Folgen für Körper, Seele und Geist, aber er bewahrt nicht generell vor Krankheiten, Verlusten oder anderen Leiderfahrungen. Und vor allem haben diese nichts mit mehr oder weniger Segen zu tun. Der gesegnete Täufling wird sich nicht weniger oft die Knie aufschlagen als der ungesegnete. Und er wird auch nicht weniger Liebeskummer haben. Segen heißt doch nicht: Dir geht es materiell und gesundheitlich gut. Segen heißt: Gott will dich begleiten. Und wer das für sich annimmt, wird erleben, wie dieses Wissen sein Dasein zum Guten verändert. Das heißt: Ein gesegneter Mensch bekommt nicht automatisch ein besseres Leben, aber auf jeden Fall die Kraft, mit dem Leben besser umzugehen.

Auch bei dieser Rettergruppe gilt: Neben den Extremisten gibt es viele gemäßigte Formen, die allerdings alle dem gleichen Denkmuster unterliegen. »Wir wollen, dass sich Glaube für uns lohnt. Wir erwarten von Gott, dass sich unsere Gebete auch auszahlen. Und wir denken insgeheim doch, dass man an unserem Erfolg etwas von unserem Glauben erkennt.« Ist ja auch nicht ganz falsch. Nur brauchen wir uns nicht zu wundern, dass sich in unseren Kirchen und Gemeinden überwiegend das gehobene Bildungsbürgertum sammelt, während sich die Menschen, denen sich Jesus damals zuallererst zuwandte, nämlich die Verachteten der Gesellschaft, dort kaum finden. Viele Kirchen sind Versammlungsorte für die »Anständigen« geworden, in denen man sich nicht mehr gerne die Finger schmutzig macht. Ganz wie der Hausmeister, der uns einmal im Brustton der Überzeugung sagte: »Ich bin grundsätzlich gegen Jugendarbeit. Die macht nur Dreck.«

Ein gesegneter Mensch bekommt nicht automatisch ein besseres Leben, aber auf jeden Fall die Kraft, mit dem Leben besser umzugehen.

Der etwas überspannte Wunsch, dass Glaubende zugleich äußerlich gesegnete Menschen sein sollen, in deren Leben alles glatter geht als bei anderen, führt dazu, dass wir oftmals in den Gemeinden keine gesunde Kultur für den Umgang mit Scheitern, Versagen oder Unglück haben. Schade eigentlich.

Die Angstretter

Die letzte Gruppe, die wir Ihnen vorstellen, gleicht strukturell den Seelenrettern, hat sich interessanterweise aber statt des Segens genau das Gegenteil ausgesucht, nämlich die Dimension des Bösen. Wir treffen solche Leute bisweilen auf unseren Konzertreisen und sind dann ganz verwundert, wenn es zu Äußerungen wie dieser kommt: »Wir hatten im Vorfeld eures Auftritts ganz viele Angriffe. Uns ist jetzt klar, dass das Böse euer Konzert verhindern will: Horst, unser Plakatankleber, ist von der Leiter gefallen, unsichtbare Kräfte treiben einen Keil in unser Team – und der Redakteur der örtlichen Zeitung hat unsere Pressemeldung nicht erhalten. Es war ein schwerer Kampf.« Wir als bodenständige Hessen würden einfach sagen: »Ihr habt euch gestritten und die Werbung in den Sand gesetzt.« Aber für die Angstretter offenbaren sich in allen Vorkommnissen dämonische Einflüsse. Nur: Wenn ich das Böse überall erwarte, werde ich auch anfangen, alle meine Erfahrungen in diese Richtung zu interpretieren. Und das kann äußerst unangenehm werden. Wenn etwa die Tatsache, dass meine Druckerpatrone in dem Moment leer wird, in dem ich einen frommen Brief ausdrucken will, für mich zu einem Zeichen für die Präsenz des Teufels wird, dann stimmt etwas nicht.

Wenn ich das Böse überall erwarte, werde ich auch anfangen, alle meine Erfahrungen in diese Richtung zu interpretieren.

Einmal kam eine junge Frau zu uns und sagte traurig: »Ich freue mich so, dass ihr da seid. Seit drei Monaten bereiten wir eure Veranstaltung mit unserem Junge-Erwachsenen-Kreis vor –

und es wird sicher total toll. Schade, dass ich nicht dabei sein kann.« Wir sahen sie wohl äußerst fragend an, denn wir bekamen die Erklärung: »Ja, unser gesamter Kreis sitzt doch heute Abend im Keller und betet mit Vollmacht dafür, dass keine dunklen Mächte Einfluss auf das Konzert nehmen. Der Heilige Geist soll frei wirken können.« Nun, abgesehen davon, dass wir uns bis heute fragen, warum die Gruppe nicht einfach im Konzert gebetet hat (was die Bibel unseres Wissens nach keineswegs als Todsünde erwähnt), spiegelt diese Grundeinstellung wieder mal einen Glaubenszugang wider, der viel mehr von Angst als von Freiheit bestimmt ist: »Ich und unsere Gemeinde, wir befinden uns in einem stetigen Kampf.« Um ehrlich zu sein: Das tut wahrscheinlich jeder, der halbwegs vernünftig durch sein Leben kommen will. Doch bei den Angstrettern wird dieses Thema geistlich überhöht und nimmt dadurch einen Raum ein, der ihm nicht zusteht.

Die Freiheitsliebe der Bibel ist wesentlich markanter als die wenigen Stellen, die darüber reden, dass Glauben ein »geistliches Ringen« sei.

Selbstverständlich stehen wir als Menschen bei jeder Entscheidung vor der Frage, ob wir richtig oder falsch wählen, und manchmal haben wir auch das Gefühl, als wären wir mit dem falschen Fuß zu erst aufgestanden und als ginge einfach alles schief. Nach Murphys Gesetz gehört es ohnehin zu den größten Geheimnissen der Welt, dass wir uns immer an der Kassenschlange anstellen, bei der der Marktleiter gleich viermal hintereinander aus der Wurstabteilung nach vorne kommen muss, um ein »Storno« zu bestätigen, während an der anderen Kasse inzwischen eine Kleinstadt abgefertigt wurde (und wehe, wir wechseln die Schlange). Ja, das Leben hat etwas von einem Kampf. Doch die Freiheitsliebe der Bibel ist wesentlich markanter als die wenigen Stellen, die darüber reden, dass Glauben ein »geistliches Ringen« sei. Der Satz

»Fürchte dich nicht!« steht erstaunlich oft in der Bibel. Gott sagt den Menschen zu: »Ihr könnt in meiner Gegenwart angstfrei leben.« Wenn sich also die Seelenretter andauernd vor bösen Mächten fürchten, dann pervertieren sie diesen Zuspruch Gottes.

Um es deutlich zu sagen: So wie es gute Mächte gibt, die in der Welt wirken, gibt es wahrscheinlich auch negative Kräfte. Woher die kommen und was hinter ihnen steckt, soll hier nicht das Thema sein. Wichtig ist: Eine zu starke Ausrichtung auf diese Kräfte verleiht ihnen überhaupt erst ihre Macht – und sie verleitet dazu, hinter jedem menschlichen Versagen, jedem blöden Zufall und jeder kleinen Misere eine hämische Teufelsfratze hervorlugen zu sehen. Eine simple Erfahrungsweisheit besagt: »Das, worauf du dich konzentrierst, wird groß in deinem Leben.« Wer das Böse bekämpft, gibt ihm Raum und macht es stark. Besser ist es auf jeden Fall, man kämpft *für* eine gute Sache.

Die Bibel redet sehr klar und pointiert über das negative Potenzial des Menschen und nur ganz, ganz wenig über das Böse an sich. Und wenn es eine Aussage gibt, die dabei im Mittelpunkt steht, dann lautet sie: Gott ist stärker als das Böse. Jesus selbst sagt seiner Gemeinschaft zu: »Die Pforten der Hölle werden euch nicht überwältigen.« (Mt. 16,18) Das ist eine definitive Zusage, nicht nur eine Hoffnung oder eine vage Möglichkeit. Kein Grund also, Angst zu haben. Selbst wenn es diese dunklen Mächte gibt: Sie werden uns nicht kleinkriegen.

Wie entsteht diese Tendenz, die Angst zu kultivieren? Wie bei den Seelenrettern kommen die Angstretter nur schwer damit klar, dass das Leben nicht einfach nur gut oder böse ist, sondern immer beides in sich vereint. Sie hätten so gerne eine simple »Bei Gott ist alles schön«-Theologie. Dann merken sie: Auch Christen erleben Höhen und Tiefen. Und wenn beispielsweise die Ehe eines ansonsten vorbildlichen und zutiefst frommen Christenmenschen in die Brüche geht, dann gibt es eben schnell diese beiden Erklärungsmuster: Entweder hat der »Gescheiterte« durch mangelnden Glauben seinen Segen verspielt – oder das Böse hat diese Ehe zerstört. Wäre die Angst vor den dunklen Schattengestalten nicht da, müssten sich die Anhänger einer derartigen Theologie eingestehen, dass es auf komplexe Lebenszusammenhänge leider nicht immer nur einfache Antworten gibt. Und weil dem so ist, halten sie lieber an der knackigen Idee des Bösen fest.

Bedenkt man dabei, dass die meist äußerst militante Sprache der Angstretter zusätzlich für eine bedrückende Atmosphäre sorgt, dann wundert es nicht, dass alle Vertreter dieser Gattung, die wir kennengelernt haben, ziemlich verkniffene Typen waren, denen eines jedenfalls fehlte: das befreite Lebensgefühl, das Paulus so wunderbar zusammengefasst hat: »Wenn Gott auf unserer Seite ist, wer kann da gegen uns sein?« (Röm. 8,31) Wenige Zeilen später schreibt er, was er damit genau meint: »Ich bin ganz sicher: Weder der Tod noch das Leben, weder die Engel noch irgendwelche Mächte, weder die Gegenwart noch die Zukunft, weder der Himmel noch die Hölle, nichts, aber auch gar nichts kann uns von der Liebe Gottes trennen, die sich in Jesus Christus offenbart hat.«

> Gott ist stärker als das Böse. Jesus sagt seiner Gemeinschaft zu: »Die Pforten der Hölle werden euch nicht überwältigen.« Selbst wenn es diese dunklen Mächte gibt.

Diese Rettertypen stehen für bestimmte Tendenzen in der Diskussion über den christlichen Glauben, die im Extremfall dazu führen, dass aus einer befreienden Botschaft eine kleinmachende und beengende Botschaft wird. Dabei – dass muss noch einmal deutlich gesagt werden – sind viele der damit verbundenen Absichten durchaus gut und richtig, sie werden aber dann gefährlich, wenn sie absolut gesetzt werden. Weil sie vor allem eines machen: Sie stellen Bedingungen. Und Bedingungen weisen leider immer auf »Aber-Glauben« hin. Das heißt: Sie stellen dem Glauben ein »Aber« an die Seite, ein »Aber«, das erfüllt werden muss, damit alles seine Ordnung hat. Alle Rettertypen sagen: »Natürlich wäre es schön, wenn alle Menschen heiter und frei mit der Religion umgehen könnten. ABER …

… die Kirche muss vorbildlich sein. *(Weltretter)*
… die Tradition muss bewahrt werden. *(Kulturretter)*
… die Ungläubigen müssen gerettet werden. *(Seelenretter)*
… wir müssen anständig leben. *(Selbstretter)*
… Gott muss verteidigt werden. *(Glaubensretter)*
… wir müssen ein heiligeres Leben haben. *(Segensretter)*
… wir müssen uns vor dem Bösen hüten. *(Angstretter)*

Für all diese Aussagen gilt: Niemand muss das! All diese Bedingungen haben mit dem eigentlichen Glauben nämlich gar nichts zu tun. Weil echte Liebe, erst recht die Liebe Gottes, bedingungslos ist. Ganz und gar. Und weil Liebe und Freiheit eng zusammenhängen, gilt das eben auch für die Freiheit. Es gibt in ihr kein Muss. Ich kann nicht sagen: »Du darfst dich frei entscheiden, aber wehe, wenn du dich anders entscheidest, als ich es will.« Das wäre keine Freiheit. Und schon gar keine Liebe. Was wäre das für ein Gott, der sagen würde: »Du sollst mich lieben und musst deshalb folgende Bedingungen erfüllen …« Muss ich nicht. Weil Liebe und Furcht nicht zusammenpassen. Das steht übrigens auch in der Bibel: »In der Liebe

> Viele Absichten sind durchaus gut und richtig, sie werden aber dann gefährlich, wenn sie absolut gesetzt werden.

ist keine Furcht, weil wahre Liebe die Furcht vertreibt.« (1.Joh. 4,18) Und das heißt: Wenn uns jemand sagen würde: »Ich liebe dich nur, wenn …«, wüssten wir sofort, dass er uns nicht liebt. Doch Gott liebt die Menschen. Ohne Wenn und Aber.

Wichtig ist, dass wir den entscheidenden Denkunterschied begreifen: Die aufgezählten Engführungen sind nicht grundsätzlich falsch. Es wäre großartig, wenn unsere Kirchen fehlerfreier wären, wir die Traditionen bewusst pflegten, allen Zweifelnden leidenschaftlich von Gott erzählten, die Menschen ihr Leben nach den Geboten führten, mutig für den Glauben einträten, Gottes Segen alles zutrauten und auf die negativen Kräfte im Leben achteten: Das wäre ein Stück Himmel auf Erden. Und es gibt wahrscheinlich kaum etwas Sinnvolleres, als mit aller Kraft danach zu trachten. Insofern kann man die sieben vorgestellten Werte sehr wohl auch positiv sehen – und zwar als logische Konsequenz eines befreiten Glaubens, jedoch niemals als Bedingung des Glaubens. Denn: Wenn ich die Welt verändern will, ist es großartig, wenn ich es muss, ein Gräuel.

> Wenn uns jemand sagen würde: »Ich liebe dich nur, wenn ...«, wüssten wir sofort, dass er uns nicht liebt. Doch Gott liebt die Menschen. Ohne Wenn und Aber.

Und damit sind wir sehr nah am Geheimnis des Glaubens. Es hat etwas mit Wollen zu tun. Gott wünscht sich zutiefst, dass wir ihn lieben wollen. Und dass wir als Folge dieser Liebe Lust bekommen, ein verändertes Leben zu führen, das wiederum die Welt verändert. Entscheidend ist also die Reihenfolge. Wenn ich aus Liebe etwas tue, dann tue ich es gern. Wenn ich etwas aus Zwang tue oder weil ich glaube, es tun zu müssen, raube ich mir und anderen die Freiheit.

Nun stellt sich natürlich die spannende Frage: Haben Sie sich oder andere in diesen Rettertypen wiedererkannt? Oder zumindest die Ängste nachvollziehen können, die darin deutlich werden? »Angst« kommt ja ursprünglich von »Enge«, darum verwundert es nicht, dass Ängste so oft zur Enge führen. Und all diese Formen eines Bedingungschristentums basieren auf Ängsten. Oder, um es auf den Punkt zu bringen: auf der Angst vor der Freiheit. Oder zumindest vor zu viel Freiheit. Ja, wir haben Angst, frei zu sein. Der englische Schriftsteller und Dramatiker George Bernhard Shaw hat einmal geschrieben: »Freiheit bedeutet Verantwortlichkeit; das ist der Grund, warum sich die meisten Menschen vor ihr fürchten.« Weil er damit recht hat, sind Aufklärung und Glauben ja auch keine Gegensätze. Sie gehören vom Wesen her sogar zusammen: Aufgeklärtes Denken bedeutet, dass ich für mein Leben Verantwortung übernehme, mich nicht mehr hinter irgendeiner »Du musst«-Struktur verstecke und es wage, das Dasein und auch alle Glaubensformen mutig in Frage zu stellen, um so zu dem zu kommen, was (oder besser: der) wirklich trägt.

> Wenn ich etwas aus Liebe tue, dann tue ich es gern.

Schauen wir uns zum Schluss dieser Einleitung noch mal kurz die Ursachen für das »Rettungsverhalten« vieler christlicher Strömungen an:

1. Ein »Muss« ist viel einfacher als ein »Du darfst«

Freiheit bedeutet, dass alles möglich ist. Auch, dass ich mich für oder gegen alles entscheiden kann und für mich selbst verantwortlich eine Lösung finde. Und das empfinden viele Menschen als Überforderung. Deshalb wählen sie gerne den einfachen Weg, nämlich eine Vorschrift, die ihnen ganz klar sagt, was sie zu tun und zu lassen haben. Der Satz »Du musst auf Süßigkeiten verzichten« ist nun einmal viel einfacher einzuhalten als der Satz »Es ist sinnvoll, sich gesund zu ernähren«, aber er verengt die Thematik auch gewaltig. Trotzdem halten sich viele lieber an klare Gebote und Regeln. Weil Schwarz-Weiß-Muster die Welt schön praktisch in Gut und Böse einteilen. Man weiß dann sofort, was man zu tun hat. Bei unseren Rettergestalten können Sie das ganz leicht sehen: Die legen jeweils genau fest, wer gut und wer böse ist. Und diesem Schema folgen sie dann unbeirrt. Auch dann, wenn es längst lebensfeindlich und unproduktiv geworden ist oder sogar gegen den Glauben selbst spricht. Ein simples Beispiel: Wenn ein Kulturretter durch sein Beharren auf Orgelmusik und mittelalterliche Sprache junge Menschen davon abhält, die Schönheit des Glaubens kennenzulernen, dann wird sein bewahrender Gedanke zerstörerisch.

2. Ein »Muss« gibt mir das Gefühl, wichtig zu sein

Freiheit fordert Menschen heraus, eigenverantwortlich nach dem Sinn des Lebens zu suchen. Und das ist eine große Herausforderung. Eine klare Vorgabe durch ein »Muss« gaukelt mir dagegen vor, ich wüsste exakt, wofür ich da bin – nämlich dafür, genau diese Vorgabe zu erfüllen. Darum haben die vorgestellten Rettungsversuche eines gemeinsam: Ihre Anhänger möchten sich durch ihr jeweiliges Verständnis von Religion aufwerten: »Wer diese oder jene Regel erfüllt, der ist wertvoll und gut.« Das bedeutet: Wenn einer alle Vorgaben seiner religiösen Lehre erfüllt, hat er den Eindruck, er gehöre zu den wahrhaft Guten und sei wertvoll. Und dieses Denken ist wahrscheinlich das Allerunchristlichste an allen vorgestellten »Rettungsmodellen«. Weil die Bibel genau dieses zerstörerische Leistungsdenken überwinden möchte. Bei den Rettern heißt es: »Gut ist, wer unseren Vorstellungen entspricht, schlecht ist, wer es nicht tut.« Und genau das ist nach Gottes Vorstellungen

> Aufgeklärtes Denken bedeutet, dass ich mich nicht mehr hinter irgendeiner »Du musst«-Struktur verstecke.

falsch. Die Bibel betont: »Ein Mensch ist wertvoll, weil Gott ihn liebt, ihn geschaffen und sich für ihn hingegeben hat. Nicht, weil er sich so oder so verhält.« Wenn also jemand versucht, sein Selbstwertgefühl durch geistliche Pflichterfüllungen zu steigern, dann hat er die wichtigste Aussage der Bibel nicht begriffen.

3. Ein »Muss« lässt sich nicht in Frage stellen

Freiheit beinhaltet immer eine gesunde Dynamik, weil sie voraussetzt, dass sich die Welt, die Gesellschaft, vor allem aber mein Denken weiterentwickeln darf. Das heißt: Es kann sehr wohl sein, dass der Glaube eines Zwanzigjährigen noch lange nicht so reif ist wie der eines Fünfzigjährigen. Hoffentlich ist dem so. Darum sind ja alle eingeladen, ihr Leben lang weiter zu fragen und zu forschen. Doch diese Vorstellung macht manchen Menschen eher Angst. Sie sind froh, wenn sie die »Wahrheit« ein für alle Mal gefunden haben. Mit dem Ergebnis, dass so mancher Rentner immer noch einen Kleinkinderglauben mit sich herumschleppt. »Muss«-Strukturen haben den Vorteil, dass sie angeblich zeitlos sind – und dass es keine Abweichung geben darf. Deshalb können die Rettergestalten es ja auch nicht ertragen, wenn jemand anders leben will. Es gibt bei ihnen klare Vorstellungen von Freund und Feind – an denen man sich bis in alle Ewigkeit festhalten kann. Was das bedeutet, kann man wiederum gut an den Kulturrettern verdeutlichen, die das Wohl des Glaubens gern an altdeutschen, liturgischen Gottesdienstformen festmachen. Nur: Sie verbeißen sich in ein bestimmtes liturgisches Modell und übersehen dabei, dass die Mehrheit der Christenheit in der Welt ohnehin völlig anders

Die Bibel betont: »Ein Mensch ist wertvoll, weil Gott ihn liebt, ihn geschaffen und sich für ihn hingegeben hat. Nicht, weil er sich so oder so verhält.«

feiert. Afrikanische, chinesische oder südamerikanische Gemeinden schütteln bei unseren Gottesdiensten nur fragend den Kopf.

Weil es im Christentum so große Ängste vor der Freiheit gibt, empfinden viele die Kirche und die Religion als ein totalitäres System, in dem man schnell in ein Schema gepresst wird. Dass das Bild eines unfreien und freudlosen Glaubens seit Jahrhunderten bewusst vermittelt wird, sieht man übrigens sehr anschaulich in vielen Sakristeien Deutschlands. Dort hängen oftmals Ahnengalerien der Pfarrer, die diese Gemeinden durch die Jahrhunderte begleitet haben. Und: Noch nie haben wir darauf einen Pfarrer entdeckt, der gelacht hätte. Alle schauen den Betrachter ernst oder sogar düster an. Früher waren die Pfarrer eben Respektspersonen, vor deren Autorität man immer auch ein wenig Furcht haben sollte. Erst bei den Bildern ab 1960 findet sich dann ab und an ein ganz vorsichtiges Lächeln – aber auch das wirkt meist etwas verkrampft. Schade.

Weil es im Christentum so große Ängste vor der Freiheit gibt, empfinden viele die Kirche und die Religion als ein totalitäres System, in dem man schnell in ein Schema gepresst wird.

Weil die Gesellschaft sich zunehmend von der Selbstverständlichkeit des christlichen Glaubens verabschiedet, wird es immer wichtiger, hinter den verkrusteten Strukturen die ursprünglichen und befreienden Ideale des Christentums hervorzuholen. Denn eines sollten wir ganz realistisch sehen: Vor hundert Jahren hatten die Menschen gar keine andere Wahl, als in die Sonntagsschule, den Religionsunterricht und den Konfirmandenunterricht zu gehen. Heute entscheiden sie selbst und wir können gut verstehen, dass immer mehr Leute sagen: »Wie schön, dass ich nicht mehr glauben muss.« Das ist aber gar nicht schlimm. Denn damit sind sie auf einem guten

Weg. Sie sind frei, die Schönheit des christlichen Glaubens neu und unverkrampft zu entdecken. Genau dazu laden wir mit diesem Buch herzlich ein. Und weil das Christentum viele Dinge kultiviert hat, die Jesus Christus selbst massiv bekämpfte, orientieren wir uns im Folgenden in erster Linie an der Person Jesu und fragen dabei zugleich, was seine Ideen für die Welt von heute bedeuten.

Warum diese ausführliche Einleitung? Ganz einfach: Wenn sich die Soziologen des 21. Jahrhunderts in einem einig sind, dann darin, dass es seit einigen Jahren eine neue, weitreichende Sehnsucht nach Religiosität gibt. Ja, der spirituelle Markt boomt, weil immer mehr Menschen auf die wesentlichen Fragen ihres Daseins noch keine Antwort gefunden haben und ahnen, dass es zwischen Himmel und Erde mehr gibt als nur Wolken. Das Verrückte dabei ist: Die Kirchen profitieren von der neuen Sinn-Suche bislang fast gar nicht – weil sie noch für die alten Muster stehen. Und es ist ihnen auch noch nicht gelungen, sich von ihren Formen und Institutionalisierungen so weit zu lösen, dass sie den Glauben unvorbelastet anbieten könnten. Da es in der Gesellschaft heute ohnehin ein tiefes Misstrauen gegenüber herkömmlichen Machtstrukturen gibt, bleibt den Suchenden nichts anderes übrig, als sich einen individuellen Glaubenscocktail zusammenzumixen, in dem dann als Zutaten neben einem bisschen Jesus gern auch ein Schuss Dalai Lama, Astrologie, Wiedergeburt und Yoga auftauchen. Das ist nach aufgeklärtem Verständnis auch legitim, es bringt aber für die Suchenden drei gewaltige Nachteile mit sich:

> Die Kirchen profitieren von der neuen Sinn-Suche bislang fast gar nicht – weil sie noch für die alten Muster stehen.

1. Über diesen privaten Glauben wird nicht oder nur oberflächlich kommuniziert.
2. Dieser Glaube ist nicht mehr in ein gemeinsames Erfahrungsfeld eingebunden.
3. Dieser Glaube ist nirgendwo verankert.

Das bedeutet: Viele Leute verstehen sich heute als religiöse Nomaden, die eben regelmäßig hier und da Station machen (wie früher an den Wasserstellen), um ein bisschen religiöse und spirituelle Energie zu tanken.

Erstaunlicherweise wird den Menschen, die nach Glauben suchen, von Kirchenvertretern genau dieses Nomadenverhalten zum Vorwurf gemacht. Dabei sollten die sich sehr deutlich fragen: Würden die Leute nicht in Scharen in die Kirchen kommen, wenn dort ihr Durst dauerhaft gestillt würde und sie Lust bekämen, sesshaft zu werden? Denn man darf nicht vergessen, dass das Umherziehen äußerst mühsam ist. Nicht umsonst haben die sesshaften Kulturen im Laufe der Zeit die nomadischen abgelöst. Außerdem ziehen die Menschen heute ja nicht mehr in kleinen Volksgemeinschaften umher, die ihnen zumindest ein familiäres Zuhause geben, sondern als reine Einzelkämpfer. Damit sind sie im tiefsten Kern heimatlos, religiöse Wanderarbeiter, die sich als geistliche Tagelöhner mühsam ihr spirituelles Brot verdienen. Damit fehlt der Rückhalt einer tragenden Gemeinschaft, die dann einspringt, wenn die eigene Kraft nicht mehr reicht.

> Würden die Leute nicht in Scharen in die Kirchen kommen, wenn dort ihr Durst dauerhaft gestillt würde und sie Lust bekämen, sesshaft zu werden?

So, das war jetzt zugegebenermaßen viel und kräftige Kritik. Negativerscheinungen zu beschreiben, kann uns in einem ersten Schritt aufwecken und uns klarmachen, worin die Probleme begründet sind. Sie helfen uns jedoch (noch) nicht weiter. Zeit also, konkret nach der Freiheit zu fragen, nach den positiven Dimensionen, die die Angst überwinden. Wir sind der festen Überzeugung, dass das Christentum frei machen kann und möchte – und dass in ihm freiheitliche Strukturen von Anfang an angelegt sind. Zehn davon stellen wir Ihnen gleich etwas genauer vor: jeweils drei Freiheiten des Denkens, des Handelns und des Fühlens. Diese basieren alle auf der letzten, der Freiheit Gottes.

Die Einteilung ist nicht zufällig, denn letztlich lassen sich auch die gerade provokant skizzierten Rettertypen in diese drei Kategorien einordnen. Es gibt Menschen, für die der Glaube in erster Linie eine bestimmte Art zu denken ist und für die die Verteidigung »der Wahrheit« im Mittelpunkt ihres Christseins steht. Sie wollen das »richtige« Verständnis verteidigen. (Dazu gehören vor allem die »Glaubensretter« und die »Seelenretter«.) Ein zweiter Typus nähert sich dem Glauben vor allem über die Frage nach dem Verhalten: Da geht es um sittlichen Ernst, moralische Lebensführung, Anstand oder soziale Gerechtigkeit, die gelebt werden müssen, um Gottes Willen zu erfüllen. Spiritualität äußert sich bei Vertretern dieser Richtung vor allem in der Ethik. (Dazu gehören die »Weltretter«, die »Selbstretter« und die »Segensretter«.) Und schließlich begegnen wir dem Typus der Gefühlschristen, deren Glauben sich vorwiegend aus emotionalen Erlebnissen und bewegenden Momenten speist – unabhängig davon, ob diese angestrebten heiligen Erlebnisse bei einem Gottesdienst, einer symbolträchtigen Liturgie, einem Orgelkonzert oder einem Lobpreisabend auftreten. Gott wird für sie vor allem in außergewöhnlichen, den Alltag

> Dass sich jemand auf seine eigene Frömmigkeitsform etwas einbildet und sich für besser hält als andere, ist für Jesus eine der traurigsten Perversionen des Glaubens.

durchbrechenden Erfahrungen fassbar. (Dazu gehören die »Angstretter« und die »Kulturretter«.)

Eine solche Skizzierung vereinfacht natürlich, sie hilft aber, nicht nur den eigenen Glaubensschwerpunkt und damit auch die persönlich vernachlässigten Bereiche zu entdecken (»Wo habe ich eigentlich meine größte Sehnsucht? Wo verorte ich meinen Glauben?«), sie zeigt vor allem, warum sich Christen so oft untereinander in Konflikte verstricken: Jeder hat nur seinen Glaubensaspekt im Blick, den er für absolut gut und wichtig hält, und fühlt sich durch diejenigen bedroht, die es anders machen oder sehen. Das Ergebnis ist: Statt von den anderen zu lernen, bekämpft man sie. Deshalb ist es so wichtig, sich radikal von der Vorstellung zu lösen, es gäbe so etwas wie das »richtige«, »wahre« oder »echte« Christentum. Alle Glaubenden sind auf der Suche – und Hochmut wäre dabei völlig unangebracht.

> Wenn man Freiheit richtig versteht, kann sie Leidenschaft entfachen, von Zwängen und Gebundenheiten befreien, ein Lebensfundament geben, die Kommunikation mit anderen verbessern und Gemeinschaften stärken.

Dass sich jemand auf seine eigene Frömmigkeitsform etwas einbildet und sich für besser hält als andere, ist für Jesus eine der traurigsten Perversionen des Glaubens, eine, vor der er immer wieder nachdrücklich warnt. Was wir stattdessen brauchen, ist ein von Aufrichtigkeit und Liebe geprägter Glaube, der davon ausgeht, dass der »Christus« im Herzen des anderen möglicherweise sogar größer ist als im eigenen.

Wenn wir hier zum Denken, zum Handeln und zum Fühlen jeweils drei Freiheiten vorstellen, dann entspringt das dem Wunsch, die Engführungen einer allzu einseitigen Perspektive zu überwinden und den Blick neu auf die Weite des Glaubens zu richten. Ja, wir sind der festen Überzeugung: Wenn es uns gelingt, diese zehn christlichen Freiheiten neu zu entdecken, dann werden nicht nur alle zwanghaften Strukturen überflüssig, wir erleben auch, dass es sehr wohl eine gesunde, angstfreie Toleranz gegenüber anderen geistlichen Strömungen gibt – und dass der Glaube lebendig und damit zukunftsfähig wird.

Dabei werden wir zugleich feststellen, dass echte Freiheit etwas ganz anderes ist als Beliebigkeit. Beliebigkeit macht nämlich auf Dauer immer wieder unfrei, gelebte Freiheit dagegen schafft eine Grundlage, auf der ein Mensch gern Verantwortung für die Welt und sich selbst übernimmt. Insofern könnte man das Programm dieses Buches vielleicht so zusammenfassen: Wenn man Freiheit richtig versteht, kann sie Leidenschaft entfachen, von Zwängen und Gebundenheiten befreien, ein Lebensfundament geben, die Kommunikation mit anderen verbessern und Gemeinschaften stärken. Und sie macht heiter und gelassen. Probieren wir es aus!

Wie sehr Glauben und Freiheit zusammenhängen, erzählt dieses moderne Gleichnis, in dem deutlich wird, dass die Dimension des Himmels sowohl für Adler als auch für Menschen von existenzieller Bedeutung ist. Eine poetische Geschichte zum Abheben.

Der Adler

Ein Bauer fand beim Wandern einen Adler,
der gerade aus dem Nest gefallen war.
Ein junger Vogel, noch zu schwach zum Fliegen,
den zog er auf mit seiner Hühnerschar;
er lernte, wie man pickt und wie man gackert,
und saß auf seiner Stange wie ein Huhn.
Probleme gab es nur beim Eierlegen,
sonst tat er das, was alle Hühner tun.

Dann eines Tages kam zum Hof ein Fremder,
der sah den Adler, der nach Körnern scharrt.
Er ging zum Bauern hin und fragte leise:
»Wieso bewegt der sich nach Hühnerart?«
»Sie! Das ist ein Huhn und wird es immer bleiben.
Mensch, lassen Sie die Viecher bloß in Ruh.«
Der Fremde aber beugte sich nach unten
und sprach dem Vogel diese Worte zu:

»Du bist ein Adler, du kannst fliegen:
Komm, schwing dich auf! Steig hoch empor!
Du kannst die Angst in dir besiegen.
Dafür bist du gemacht. Hey, sieh dich vor:
Breit die Flügel aus, spür, wie weit der Himmel ist,
damit du deine Kraft nie ganz vergisst.«

Der Adler hob nur sachte seine Schwingen,
dann pickte er ganz still das nächste Korn.
Der Fremde aber dachte: »Dieser Vogel
hat hier am Boden einfach nichts verlor'n.«
Er lieh sich von dem Bauern eine Leiter
und stieg damit auf einen hohen Baum.
Dort hielt er ruhig den Vogel hoch und sagte:
»Erkennst du's nicht? Das ist dein Lebensraum!«

»Du bist ein Adler…

Der Adler sah von oben all die Hühner.
Er ließ sich fallen, wollte nur dorthin,
wo er sich sicher fühlte und geborgen.
Der Fremde aber kratzte sich am Kinn.
Dann stieg er mit dem Vogel ins Gebirge,
erzählte ihm dabei viel von dem Glück
des Fliegens. Und da breitete der Adler
die Flügel aus – und kam nie mehr zurück.

»Du bist ein Adler …

Die 3 Freiheiten des Denkens

»Denk nicht so viel – glaub einfach!« Dieser Satz verleidet Menschen seit Langem jede Form von Spiritualität: »Wenn ich beim Glauben meinen Verstand an der himmlischen Garderobe abgeben muss, dann kann da irgendetwas nicht stimmen.« Stimmt! Denn Glauben soll ja nicht entmündigen, sondern gerade mündig machen. Zumindest hat Jesus immer versucht, der Welt zu zeigen, dass wir die größeren Zusammenhänge des Reiches Gottes und der Welt erkennen können und uns dadurch selbst wesentlich besser verstehen lernen. Jawohl: verstehen. Nichtsdestotrotz hält sich hartnäckig das Gerücht, es gäbe in der Gesellschaft nun mal die Vernünftigen, die nur das glauben, »was sie sehen«, und daneben die Frommen, die sich in wilden Fantastereien ergehen – wahrscheinlich, weil sie mit dem Leben nicht so ganz klarkommen. Für die meisten Europäer ist die christliche Religion heutzutage eine ziemlich irrationale Angelegenheit, die mit märchenähnlichen Erzählungen, mahnenden Worten und traditionellen Riten die Menschen zur Tugend aufrufen und ihnen Trost spenden will. Meist ziemlich weltfremd, aber zu besonderen Festtagen eben auch schön – besonders für Frauen, Kinder und Senioren.

Das Schlimme ist: Die »Frommen« haben selbst einiges dazu beigetragen, dass der Graben zwischen Glauben und Denken entstand. Was deshalb besonders traurig ist, weil die Kirchen über Jahrtausende ein Hort von Bildung, Studium und Wissenschaft waren. Die Klöster entwickelten sich im Laufe der Zeit immer mehr zu Zentren der Forschung und der Lehre und viele wesentliche Entdeckungen (auch der Neuzeit) wurden von Theologen gemacht. Nebenbei: Die Idee des »Urknalls« stammt vom belgischen Priester Georges Lemaître, die »Evolutionslehre« vom Theologen Charles Darwin.

Die christlichen Kirchen, die die Grundlage für die moderne Wissenschaft und Logik in Europa gelegt haben, wurden von der Aufklärung so durcheinandergebracht, dass sie gleich in zwei Fallen tappten: Ein großer Teil der Christinnen und Christen verweigerte sich den neuen Erkenntnissen und lehnte eine »historisch-kritische« Auseinandersetzung mit der Bibel und dem Glauben rundweg ab, während ein anderer Teil sich mit der Vernunft verbrüderte und seither verzweifelt versucht, Gott wissenschaftlich zu ergründen. Inzwischen scheint es, als ob beide Gruppierungen (in Bezug auf einen befreienden Glauben) gescheitert seien. Wer sich der Vernunft verschließt, fordert letztlich eine »unmenschliche« Form der Religiosität, weil Menschen nun einmal logisch denken. Und wer den Glauben ausschließlich auf logisch Fassbares beschränkt, schafft eine blutarme, sinnentleerte Dogmenfrömmigkeit, die verständlicherweise niemanden mehr bewegt. Zum Glück gibt es nicht nur die Extrempositionen, sondern auch eine versöhnende Verbindung dieser beiden Ansätze der Weltwahrnehmung.

Wer sich der Vernunft verschließt, fordert letztlich eine »unmenschliche« Form der Religiosität, weil Menschen nun einmal logisch denken. Und wer den Glauben ausschließlich auf logisch Fassbares beschränkt, schafft eine blutarme, sinnentleerte Dogmenfrömmigkeit.

Mit den ersten 3 Freiheiten möchten wir Ihnen zeigen, dass Glauben und Verstand nicht nur keine Gegensätze sind, sondern dass sie einander brauchen und zugleich klar definierbare Aufgabengebiete haben, die man nicht einfach vermischen sollte. Tatsache ist jedenfalls: In der Freiheit des Glaubens ist man nicht nur eingeladen, den von Gott geschenkten

Verstand rege zu gebrauchen, man darf sich auch getrost mit vielen Erkenntnissen der Wissenschaft versöhnen und ganz persönlich nach Gott fragen, ohne erst einmal einen Berg theologischer Behauptungen für wahr halten zu müssen. Denn eines wird sicher sofort deutlich: Sowohl die Vorstellung, die biblische Botschaft müsse vor dem wissenschaftlichen Zugriff geschützt werden, als auch der Wunsch, Glauben müsse sich ganz und gar der akademischen Perspektive unterwerfen, fördert Zwangsstrukturen.

Wer wirklich frei ist, der lässt sich seinen Verstand ohnehin nicht verbieten. Aber: Wer wirklich frei ist, der hat auch längst erkannt, dass er mit dem Verstand allein das Leben nicht bewältigen kann. Sehen wir uns das mal genauer an.

1. Logik ist nicht alles

Warum man den Verstand beim Glauben ruhig gebrauchen darf

Wenn Menschen darüber nachdenken, ob Glauben vernünftig sei oder nicht, unterläuft ihnen häufig selbst ein entscheidender logischer Fehler: Sie setzen Verstand vorschnell mit rationalem Denken, also mit Logik gleich. »Verstand« meint aber viel mehr als Logik, nämlich die »Fähigkeit des richtigen Erkennens und Beurteilens« (dtv-Lexikon). Das müssen wir im Hinterkopf behalten, wenn wir versuchen, das Verhältnis von Glauben und Verstand zu ergründen. Der Begriff »rationales Denken« verdeutlicht nämlich erst einmal den berechtigten Wunsch, möglichst sachgerecht und vorurteilsfrei über einen Gegenstand sinnieren zu können. Das heißt: Das rationale Denken unterwirft sich vollständig den Regeln der formalen Logik – was für wissenschaftliches Arbeiten wegen der Nachprüfbarkeit sehr sinnvoll ist, was aber der gesunde Menschenverstand zum Glück ohnehin nicht tut. Wir werden gleich sehen, warum das wichtig ist.

Der griechische Philosoph Aristoteles hat die Logik schon einige Jahrhunderte vor Christus formalisiert und damals ihre Grundbedingung festgelegt: »Ein Satz ist entweder wahr oder falsch. Ein Drittes gibt es nicht.« Der Schluss dieser Erkenntnis wird von Intellektuellen gern auf Latein zitiert: »Tertium non datur.« Im Volksmund heißt es: »Entweder schwanger oder nicht schwanger.« Es gilt also: Wenn alle Aussagen eindeutig als falsch oder wahr zu bezeichnen sind, kann die formale Logik angewandt werden. Und dann ist sie auch mehr als praktisch und hilfreich – ja, dann ist sie der vernünftigste Erkenntnisweg. Nur: Die meisten Dinge des täglichen Lebens erfüllen diese triviale Voraussetzung gar nicht. Die schlichte

Aussage »Das Wetter ist gut« zum Beispiel lässt sich nicht eindeutig als wahr oder falsch einstufen, weil der Urlauber darunter Sonnenschein versteht, der auf Regen wartende Bauer aber dicke, triefende Wolken vor sich sieht.

Wenn wir uns selbst überprüfen, werden wir ganz schnell feststellen, dass fast alle Aussagen, die wir von uns geben, eine persönliche Komponente haben, die sich gar nicht so leicht in wahr und falsch einordnen lässt: »Ich bin gesund.« Stimmt das? Vielleicht sind Sie nur unzureichend untersucht. Wahr wäre höchstens der Satz: »Ich fühle mich gesund.« Nur bekommen Sie dann das Problem, dass echte Logiker äußerst ungern mit Gefühlen argumentieren. Noch ein Beispiel: »Ordnung ist das halbe Leben!« Ist dieser Satz wahr oder falsch? Und wenn er wahr wäre, was wäre dann mit den anderen fünfzig Prozent des Daseins? Noch komplizierter wird es, wenn wir die Ebene der sinnlichen Erfahrung verlassen: »Es gibt außerirdisches Leben.« Richtig oder falsch? Bis jetzt gibt es weder einen Beweis für noch einen Beweis gegen diese Aussage. Ihr Wahrheitsgehalt ist also nach aktuellem Wissensstand nicht entscheidbar, überschreitet unseren Horizont und entzieht sich damit der wissenschaftlichen Überprüfung.

»Verstand« meint viel mehr als Logik, nämlich die »Fähigkeit des richtigen Erkennens und Beurteilens«.

Wir sehen, wie schnell wir an die Grenzen der Logik stoßen. Auch weil die Logik sich in sich selbst verheddern kann. Der Satz »Gott ist allmächtig« lässt sich nicht beweisen und ist logisch ohnehin nicht einzufangen, weil gleich die alte Rätselfrage auftaucht: »Wenn Gott allmächtig ist, kann er dann einen Stein erschaffen, der so schwer ist, dass er ihn selbst nicht heben kann?« Ganz gleich, ob Sie diese Frage mit Ja oder mit Nein beantworten, Sie sprengen die Logik. Wenn Gott allmächtig diesen Stein erschafft, ihn aber nicht heben kann, dann ist er eben doch nicht allmächtig. Und umgekehrt. Oder nicht? Egal! Entscheidend für uns ist: Logik ist für viele Bereiche des Lebens der richtige und passende Zugang zum Verstehen, die meisten Phänomene des Daseins lassen sich damit aber keineswegs befriedigend klären – und wer das trotzdem versucht, wird ihnen nicht gerecht.

Für die Freunde der Logik sei in diesem Zusammenhang ergänzt: Der Mathematiker Kurt Gödel hat nachgewiesen, dass es ohnehin kein auf der Logik basierendes System geben kann, das gleichzeitig vollständig und widerspruchsfrei ist. Ja, nicht einmal die Mathematik ist in letzter Konsequenz widerspruchsfrei. Das bedeutet: Es gibt auf der Welt überhaupt keine Erkenntnis, keine Wahrheit, die sich unumstößlich und unbezweifelbar aus sich selbst ergibt. Jede logische Schlussfolgerung basiert letzten Endes auf bestimmten Voraussetzungen und Definitionen, die ihrerseits nicht logisch begründet werden können. Ein Beispiel: Ein Astrophysiker betrachtet die Erde auf ihrem Weg um die Sonne als punktförmiges Gebilde, an dem ihn nur die Masse interessiert. Das heißt nicht, dass die Erde nichts weiter wäre als ein eigenschaftsloser Massenpunkt. Für uns Menschen gilt also: Jegliche Art der Beschreibung sucht sich eine bestimmte, wiederum eingeschränkte Betrachtungsperspektive aus. Um einen Gegenstand auch nur halbwegs formal befriedigend beschreiben zu können, muss ich mich von wesentlichen seiner Eigenschaften verabschieden, weil sonst meine Logik nicht greift.

Es gibt auf der Welt überhaupt keine Erkenntnis, keine Wahrheit, die sich unumstößlich und unbezweifelbar aus sich selbst ergibt.

Das heißt in Bezug auf den Glauben: Je formallogischer ich von Gott rede, desto abstrakter und realitätsferner wird er. Das aber ist Gott nicht angemessen. Wohin ein derartiger Ansatz führen kann, haben wir in der Geschichte gesehen: Angespornt von den Erfolgen des naturwissenschaftlichen Denkens gab es im 19. Jahrhundert zahlreiche Versuche, das gesamte akademische Wissen zu formalisieren und auch alle Glaubensbegriffe so präzise zu definieren, dass sie sich den Regeln der Logik fügen. Mittlerweile darf man dieses Programm getrost als misslungen betrachten. Und das ist gut so. Denn die Mehrdeutigkeit und Vielschichtigkeit der Sprache ist kein Nachteil, sondern eine Widerspiegelung der bunten Vielfalt des Lebens selbst.

Logik ist gut und richtig, aber sie ist für die Lebensbewältigung und den Gebrauch des Verstands eindeutig überschätzt worden. Außerdem ist es seltsam, dass Menschen vom Glauben eine logische Stimmigkeit erwarten, die nirgends sonst in ihrem Alltag vorhanden ist. Wenn man sich etwa mit einem Kind unterhält, das immer weiter »Warum?« fragt, stellt man ganz schnell fest, dass man schon nach der vierten, fünften Ebene des Nachfragens nicht mehr so genau weiß, was man antworten soll, und einfach Auswendiggelerntes von sich gibt: »Das ist halt so, das haben wir in der Schule gelernt und das steht auch so im Lexikon.« Der Philosoph Sokrates hat diese ernüchternde Erkenntnis auf die berühmte Formel gebracht: »Ich weiß, dass ich nichts weiß.« Und weil er das erkannt hat, gilt er als einer der klügsten Männer der Weltgeschichte.

> Es gehört zum Wesen Gottes, dass er die menschliche Logik übersteigt.

Welche Konsequenzen hat das für unsere Fragestellung? Nun: Zuerst einmal die Erkenntnis, dass jemand, der die Existenz Gottes logisch beweisen oder widerlegen will, auf dem Holzweg ist. Ganz gleich, ob er das als überzeugter Christ oder als atheistischer Kritiker tut. Weil Gott sich weder in die herkömmlichen Strukturen des rationalen Denkens pressen lässt, noch mit unseren Sinnen umfassend erkannt werden könnte. Wäre dem so, dann wäre er ja gar nicht mehr Gott –

oder um es ganz logisch zu formulieren: Es gehört zum Wesen Gottes, dass er die menschliche Logik übersteigt. Wenn also Christen durch abstrakte, theoretische Gedankengänge beweisen wollen, dass der Glauben doch »richtig« sei, dann tun sie weder sich noch Gott einen Gefallen. Denn der Versuch, Gott dadurch »groß« zu machen, dass man ihn und seine Botschaft logisch begründet, macht ihn gerade ganz klein, weil er ihn in menschliche Kategorien presst. Egal, was wir über Gott denken: Es wird zu eng gefasst sein – und damit wird es im Sinne der Logik auch nicht wahr sein. Also sollten wir uns an dieser Stelle auch vor jeglichen logischen Schlussfolgerungen hüten: Sie sind mit Sicherheit falsch!

> Der Versuch, Gott dadurch »groß« zu machen, dass man ihn und seine Botschaft logisch begründet, macht ihn gerade ganz klein, weil er ihn in menschliche Kategorien presst.

Dass wir Gott nie nach menschlichen Kriterien »beweisen« können, ist gar nicht tragisch. Wie wir gesehen haben, gilt ohnehin: Den bei Weitem größten Teil unseres Alltagswissens haben wir nicht selbst durchdacht und logisch geprüft, sondern schlicht und einfach von anderen übernommen oder fraglos akzeptiert. Und dieses vermeintliche »Wissen«, auf dem wir unseren Alltag aufbauen, nimmt im Informationszeitalter auch noch rasant zu. So sehr, dass es langsam Spaß macht, die dabei verbreiteten Absurditäten zu sammeln. Nicht umsonst sind seit einiger Zeit Bücher wie das »Lexikon der Irrtümer« so populär.

Wenn es stimmt, dass Logik kein hinreichender Zugang zum Glauben ist, dann erklärt sich auch leicht, warum die größten Unfreiheiten im Christentum da entstehen, wo Glaube und Logik in unguter Weise verknüpft oder gegeneinander ausgespielt werden. Die Logik wird viel zu oft als allein selig machender Maßstab genommen und der Glaube daran zurechtgebogen. Mit dem Ergebnis, dass man entweder den Glauben oder die Logik irgendwann über Bord werfen muss, weil die beiden nicht so recht zueinanderfinden wollen. Und wenn dann sogar die frömmsten Gemeinschaften das Bedürfnis fühlen, ihre Ansichten der Logik zu unterwerfen, wird es ganz gefährlich, weil die Bibel nicht mehr auf ihren Glaubensgehalt hin betrachtet wird, sondern nur noch auf ihre Logik: »Du musst das glauben, weil es richtig ist.« Das hat noch nie funktioniert. Vor allem – und das ist das Schlimmste: Die Bibel wird dabei missbraucht. Wer behauptet, die Bibel müsse logisch sein, der nimmt ihr sowohl das Menschliche als auch das Göttliche, das über den menschlichen Horizont Hinausgehende. Das Seltsame ist also: Die Gruppierungen, die das Heilige retten wollen, indem sie es dem rationalen Denken unterwerfen, erreichen das Gegenteil von dem, was sie beabsichtigen. Kein Wunder, dass die Bibel selbst bemerkt: »Der Buchstabe tötet, aber der Geist macht lebendig.« (2. Kor. 3,6)

Wer behauptet, die Bibel müsse logisch sein, der nimmt ihr sowohl das Menschliche als auch das Göttliche.

Viele Menschen machen es sich allerdings wesentlich einfacher. Für sie bedeutet der Begriff »Glauben« vor allem so etwas wie »unsicheres Wissen« oder »für wahr halten«. Sie meinen, es gäbe auf der einen Seite das solide, wissenschaftlich abgesicherte Wissen, und wo dieses Wissen endet, setzt der Glaube an. Da man Gott nicht beweisen kann, glaubt man halt an ihn oder eben nicht. »Soll doch jeder nach seiner Fasson selig werden«, wie es schon der Alte Fritz empfahl. Dabei bedeutet das Wort für »Glauben«, das in der Bibel benutzt wird, etwas ganz anderes, nämlich »Vertrauen« oder auch »Treue«. Die entscheidende Frage im Neuen Testament ist nicht, ob es Gott gibt oder nicht (das wurde damals gar nicht in Frage gestellt), sondern ob man ihm mit Furcht oder mit Urvertrauen begegnet.

Die wichtigsten und verlässlichsten Aussagen im religiösen Bereich sind die subjektiven Erfahrungsberichte. Die Bibel ist kein weltanschauliches Fachbuch, sondern vor allem eine bunte Sammlung persönlicher Erlebnisse, in denen Menschen Gottes Gegenwart erfahren haben. Nun versuchen viele Theologen leider, die Bibel unbedingt in das Schema des logischen Denkens zu pressen. Sie hätten als moderne Menschen so gern ein in sich geschlossenes und widerspruchsfreies System. Abgesehen von der oben erwähnten Erkenntnis, dass es so etwas gar nicht geben kann, gilt: Hier wird die Freiheit des Glaubens beschnitten. Denn in einem rein logischen System fallen alle wesentlichen Werte des Glaubens hinten runter: Gnade, Segen, Wunder, Lebendigkeit, Entwicklung, Fröhlichkeit, Leidenschaft – vor allem aber die persönliche Erfahrung. Ein System trägt immer eine Form der Gesetzlichkeit in sich, und die legt Gott auf eine bestimmte Rolle fest. Deshalb lautet auch eines der Zehn Gebote: »Du sollst dir kein Bild machen.« (Exodus 20,4 – das Buch heißt in manchen Bibeln 2. Mose) Wer Gott einfach in ein System zwängt, handelt daher gegen die Bibel.

In einem rein logischen System fallen alle wesentlichen Werte des Glaubens hinten runter: Gnade, Segen, Wunder, Lebendigkeit, Entwicklung, Fröhlichkeit, Leidenschaft – vor allem aber die persönliche Erfahrung.

Vielleicht hat der große Reformator Martin Luther deshalb die Vernunft als »Teufelshure« bezeichnet. Allerdings meinte er damit sicherlich nicht die Lust am Denken, am Träumen, am Kombinieren und Forschen, die wesentlich zum Verstand gehört, sondern das Korsett des Formallogischen, das oft nur der Verschleierung der dahinterliegenden wahren Motive dient. Der Mensch braucht seinen Verstand, die Fantasie und die Kreativität, um zu leben – und er braucht diese freiheitlichen Zugänge zur Welt auch zum Glauben. Das bedeutet, dass die Freiheit des Glaubens immer über einem System steht und die lebendige Glaubenserfahrung durch Jesus Christus über dem geschriebenen Wort. Vielleicht handelt Gott im 21. Jahrhundert auf eine Weise, die in der Bibel noch undenkbar gewesen wäre. Und auch dazu hat schon Martin Luther, der die Bibel eigentlich als alleinige Grundlage für den Glauben ansah (sein Motto: »Sola scriptura« – allein die Schrift), etwas sehr Kluges gesagt, das man sinngemäß so zusammenfassen kann: »Wenn jemand mit der Bibel gegen Jesus argumentiert, dann werde ich immer mit Jesus gegen die Bibel argumentieren.«

Freiheit heißt in diesem Zusammenhang: Wir müssen nicht alles logisch begründen. Schon gar nicht beim Glauben. Die Logik ist nur eine von vielen Methoden, um sich die Wirklichkeit zu erschließen. Sie leistet dabei sehr viel, muss aber notwendigerweise in bestimmten Lebensbezügen versagen. Und wer krampfhaft die Wirklichkeit so verbiegen will, dass sie zur Logik passt, sorgt für Unfreiheit. Außerdem ist ein logischer Zugang für die meisten Belange gar nicht ausreichend. Wenn etwa ein Mann seiner Frau am Hochzeitstag zuraunt: »Dass ich dich liebe, habe ich dir bei der Hochzeit gesagt – wenn es sich ändert, werde ich dir das schon mitteilen«, dann handelt er zwar logisch, aber keineswegs sachgerecht. Manche Männer finden vielleicht, dass die mehrmalige Erwähnung der Liebe nur redundant wäre, sie haben offensichtlich nicht begriffen, dass Liebe mit Logik nicht einzufangen ist. Darum lautet ja auch ein altes Bonmot: »Eine Ehe ist der Sieg des Gefühls über

Wer krampfhaft die Wirklichkeit so verbiegen will, dass sie zur Logik passt, sorgt für Unfreiheit. Außerdem ist ein logischer Zugang für die meisten Belange gar nicht ausreichend.

die Logik.« Man kann sicherlich eine Zweckgemeinschaft in ein logisches, regelgesteuertes Gesamtsystem bringen, aber nicht die Liebe. Zum Glück nicht. Dann wäre sie nämlich unendlich arm. Die Liebe widersetzt sich der Logik.

Wenn ich das weiß, dann kann und darf ich meinen Verstand natürlich voller Leidenschaft und Freude gebrauchen. Weil ich gar nicht erst versuche, den Glauben damit zu verengen. Die Bibel selbst weist mehrfach darauf hin, dass der Verstand benutzt und gepflegt werden soll, sie spricht dann allerdings von »Weisheit«: »Weisheit erwerben ist besser als Gold.« (Spr. 16,16). Nebenbei: Selbst von Jesus wird gesagt, dass er im Laufe der Zeit klüger wurde (was ja voraussetzt, dass er am Anfang noch nicht alles wusste): »Und er nahm zu an Weisheit, Alter und Gnade bei Gott und den Menschen.« (Lk. 2,52) Gott mag Denker. So sehr, dass es schon im ersten Psalm heißt: »Wohl dem, der Tag und Nacht über die Gesetze Gottes nachdenkt.« Das wäre sinnlos, wenn der Denker nicht auch das Recht hätte, Neues zu entdecken, unangenehme Fragen zu stellen und in seiner Erkenntnis zu wachsen. Also: Zweifel, neue Überzeugungen, Unsicherheiten, Kritik, Ärger, Dispute und alle anderen Formen der denkerischen Auseinandersetzung mit dem Glauben sind erlaubt. Weil Gott eben nicht totalitär ist. Er weist nur beharrlich darauf hin, dass unser Denken immer wieder an seine Grenzen stößt. Wir können Begrifflichkeiten wie »Ewigkeit« oder »Unendlichkeit« nicht wirklich erfassen. Sie gehen zu weit über uns hinaus: »Der Mensch denkt, Gott lenkt.« (Spr. 16,9)

Das große Thema von Papst Benedikt XVI. ist ja zurzeit die Versöhnung von Glaube und Vernunft. Damit nimmt er sehr klug die gesellschaftlichen Strömungen auf und gibt zu erkennen, dass diese beiden Dinge einander nicht ausschließen, sondern sich im Gegenteil hervorragend ergänzen: Es gibt einige Erkenntnisbereiche, in denen die Logik regiert und in denen man mit Glauben nicht weit kommt (etwa: »Hat der Statiker die Brücke richtig berechnet?«), und andere, in denen die Logik versagt und Glauben gefragt ist (»Was ist der Sinn meines Lebens?«). Die gesunde Unterscheidung dieser beiden Ebenen ist existenziell wichtig, weil es sonst immer wieder zu unschönen Missverständnissen kommt. So darf es beispielsweise nicht passieren, dass der Verstand an die logische Kette gelegt wird, weil er dann seine Kraft gar nicht entfalten kann. Ist das gewährleistet, dann gilt für das Christentum: Wenn freiheitlicher Glaube und Verstand zusammengehören, dann können wir das Denken auch vollkommen freigeben. »Die Gedanken sind frei. Denke, was du willst. Wir halten den christlichen Glauben für so gut, dass er dich auf Dauer überzeugen wird.« Aber Vorsicht: Es besteht andersherum auch die Gefahr, dass der Glaube, wenn er vor allem verstandesmäßig betrachtet wird, plötzlich doch wieder vernünftig sein möchte, und dann liegt er seinerseits an der Kette des Verstandes. Zusammenfassend könnte man vielleicht sagen: Dem Verstand ist beim Glauben alles erlaubt, wenn er um seine Unzulänglichkeit im Glauben weiß.

Dem Verstand ist beim Glauben alles erlaubt, wenn er um seine Unzulänglichkeit im Glauben weiß.

Die Versöhnung zwischen Verstand und Glaube kann nur gelingen, wenn die grundlegenden Impulse des Glaubens und des Denkens miteinander verbunden werden. Ein reines Integrieren wissenschaftlicher Erkenntnisse in das theologische Lehrgebäude oder eine rein wissenschaftliche Deutung der Religion bietet jedenfalls keine Nahrung für die spirituellen Bedürfnisse eines Alltagsmenschen. Die eigentliche Triebfeder des Glaubens ist und war schon immer die Erfahrung des Besonderen, der Transzendenz (das die Vernunft »Übersteigende«). Die Triebfeder des Denkens dagegen ist die Erfassung des Allgemeinen, der Immanenz (wörtlich: das »Innenbleibende«). Wir können nicht auf eines von beiden verzichten, weil erst Glauben und Denken zusammen eine umfassende Erfahrung der Welt ermöglichen. Wenn Christinnen und Christen also sagen, dass Jesus »wahrer Mensch und wahrer Gott« war, dann spiegelt sich in seiner Person die Verbindung dieser beiden Lebensperspektiven wider. Wer sie vermischt oder verbindet, wird ihnen genauso wenig gerecht wie einer, der sie trennt oder unterscheidet.

Freiheit 1 lautet: Du darfst deinen Verstand gebrauchen! Genieße es, frei zu denken, und lass dir von niemandem vorschreiben, was du im Glauben für wahr zu halten hast. Jedes »Muss« im Denken ist unchristlich. Nimm aber die Grenzen des Verstandes wahr und sieh, was passiert, wenn du auch das logisch »Unmögliche« für möglich hältst.

Viel von dem, was heute als »das Christentum« gilt, ist eine bunte Mischung aus Brauchtum, spirituellen Ritualen und kulturellen Verfestigungen ursprünglich befreiender Aussagen Jesu. Wie schnell wir uns daran gewöhnt haben, solche Traditionen als selbstverständlich hinzunehmen, und wie wenig Jesus sich in ein logisches Schema pressen lässt, erzählt dieses Lied.

Jesus

Jesus ging nicht sonntags in die Kirche
und sein Kragen war nicht immer frisch.
Jesus trug kein Kreuz an einer Kette
und an seinem Auto war kein Fisch.
Jesus las wohl nie die Paulusbriefe
und bei manchen Dingen war er stur.
Jesus sagte nichts von Kindertaufe
und er hatte nicht mal Abitur.

Nein, der lässt sich in kein Schema pressen,
der ist so ganz anders, als man denkt,
lässt sich auch mit Worten nicht beschreiben,
weil er Liebe immer neu verschenkt.
Doch was an seinem Leben besonders wichtig ist:
Jesus war nicht fromm und kein Christ.

Jesus mochte sicher keine Orgel
und schrieb seine Worte niemals auf.
Jesus aß an Ostern keine Eier
und er machte öfter einen drauf.
Jesus hatte nie eine Bekehrung
und auch keinen wundersamen Traum.

Jesus schockte gern die Pharisäer
und er sang nicht unterm Tannenbaum.

Nein, der lässt sich in kein Schema pressen …

Jesus gründete keine Gemeinde
und er sagte nichts vom Zölibat.
Jesus hörte nie Duo Camillo
und verteilte niemals ein Traktat.
Jesus schwenkte auch nicht seine Arme
und er fühlte sich bei Sündern wohl.
Jesus aß gern Brot und nie Oblaten
und er trank dazu auch Alkohol.

Ich bin klein, mein Herz ist rein,
so soll auch mein Jesus sein.
So asketisch, so prophetisch,
und dabei kulturästhetisch,
mal häretisch, mal synthetisch
und stets gut für den Kaffeetisch.
Ich bin klein, mein Herz ist rein,
der Nächste wird mir dankbar sein.

Nein, der lässt sich in kein Schema pressen …

2. Zweifeln macht Spaß

Warum Wissenschaft und Glaube keine Gegensätze sind

Regelmäßig erscheinen in deutschen Zeitschriften Artikel über das Christentum, die meistens ungefähr so beginnen: »Jetzt hat die Wissenschaft endlich festgestellt, dass das alles ganz anders war mit ... Jesus, den Christen, Moses, der Arche Noah, dem Vatikan, den geheimnisvollen Schriften von Qumran, der Päpstin, den Wundern des Franz von Assisi« und so weiter. Zugleich kommt fast jede Woche ein neuer »Religions-Thriller« in der Tradition von Dan Browns »Sakrileg« auf den Markt, der noch eine neue Verschwörungstheorie verfolgt, nach der jetzt endlich klar wird, warum der Glaube historisch so nicht stimmen kann oder von bösen Buben unglaublich verfälscht wurde.

Manches davon ist recht amüsant oder sogar lehrreich, manches einfach nur reißerisch oder unsachlich, aber letztlich geht es immer um das Gleiche, nämlich um die Frage, was Wahrheit ist und ob die Kirche die Wahrheit sagt. Und dabei werden jedes Mal Wissenschaft und Glauben als scheinbar unversöhnliche Kontrahenten gegeneinander ausgespielt, und zwar derart, dass die Wissenschaft immer die Wahrheit, der Glauben immer die Engstirnigkeit vertritt: »Seht her, wir können archäologisch zeigen, dass Jericho beim Einzug der Israeliten schon zerstört war. Darum kann es nicht aus lauter Angst vor den darum herumziehenden steineerweichenden Posaunenchören in sich zusammengefallen sein (siehe Jos. 6) – und wenn das mit den göttlichen Blechbläsern nicht stimmt, dann ist euer ganzer Glaube Humbug.« Na so was. Wen wundert es da, dass viele Christinnen und Christen der Wissenschaft insgesamt äußerst kritisch gegenüberstehen – und dann doch ein

Buch kaufen, in dem angeblich wissenschaftlich »bewiesen« wird, dass die Bibel recht hat.

Wohlan: Wissenschaft und Glaube haben nicht erst seit der Aufklärung ein äußerst angespanntes Verhältnis. Viele Glaubende fühlen sich in ihren Grundfesten erschüttert, sobald jemand es wagt, die Historizität der Bibel in Frage zu stellen, während manche Wissenschaftler im Gegenzug entsetzt fragen, wie sich eine Kirche für realitätsnah halten kann, die jahrhundertelang mit biblischen Argumenten und – wenn nötig – auch mit drakonischen Strafen belegen wollte, dass die Erde im Mittelpunkt des Weltalls stünde. Und dabei ist wichtig: Die Vertreter solcher Lehrmeinungen waren nicht bösartig, im Gegenteil, sie waren fromm, klug, voller religiösem Engagement und ganz und gar an der Bibel orientiert. Sie waren der festen Überzeugung, sie müssten Gott, die Kirche und letzten Endes auch die Menschheit vor den Heliozentrikern retten, die plötzlich die Sonne in den Mittelpunkt rückten und damit der Erde ihre Sonderstellung raubten. So, wie manche Glaubensrichtungen eben noch heute für den Kreationismus (sprich: die 6-Tage-Schöpfung) oder den Ausschluss von Frauen in Leitungspositionen eintreten. Wir sehen schon: Auch bei diesem Thema müssen wir etwas grundsätzlicher einsteigen.

> Viele Glaubende fühlen sich in ihren Grundfesten erschüttert, sobald jemand es wagt, die Historizität der Bibel in Frage zu stellen.

Wissenschaftliches Denken verschreibt sich in hohem Maß der Vernunft und der Logik. Das heißt: Gute Wissenschaft ist darum bemüht, Vorurteile und interessegeleitetes Denken weitestgehend auszuschalten. Ergebnisse werden daher nicht nach Belieben interpretiert, sondern müssen so eindeutig sein, dass sie für alle Fachleute gleichermaßen nachvollziehbar sind. Wissenschaftliche Korrektheit zeigt sich deshalb auch nicht in der Ansammlung von möglichst viel Wissen, sondern in der Fähigkeit, nach allgemein gültigen Kriterien urteilen zu können. Zu dieser Neutralität kommt nun ein weiterer entscheidender Faktor: Wissenschaft arbeitet immer ergebnisoffen. Sie muss also in der Lage sein, sich von ihren Resultaten überraschen zu lassen, weil sie sonst ihren jeweiligen Erkenntnissen nicht mehr objektiv gegenübersteht.

Schon jetzt wird deutlich, dass vieles, was sich heutzutage als »Wissenschaft« verkauft, überhaupt keine Wissenschaft ist, weil hier hochgradig gebildete Experten sehr viel Schweiß darauf verwenden, Aussagen zu belegen, von deren Unumstößlichkeit sie schon vorab überzeugt sind. Dies gilt gleichermaßen für die »Experten«, die Jesu Grab und damit den Beweis für seinen Tod gefunden haben wollen, wie für die »Wissenschaftler«, die sich gegen die Evolutionslehre und für den Kreationismus starkmachen: Sie wissen schon vorher, was bei ihren angeblich neutralen Forschungsarbeiten herauskommen muss (!). Und das ist nun mal das Gegenteil von wissenschaftlichem Arbeiten. Hier vermischen sich Glaube und Wissenschaft in so unguter Weise, dass weder dem einen noch der anderen damit gedient ist. Grundsätzlich findet man leider diese Engstirnigkeit überall: Menschen, die gar nichts mehr lernen wollen, weil sie der festen Überzeugung sind, sie wüssten längst, was falsch und was richtig ist. Solche Leute stecken andere gerne in Schubladen und sehen die Welt ausschließlich durch eine einseitig gefärbte Brille. Als Leserin oder Leser dieses Buches ahnen Sie bestimmt schon, warum das so gefährlich ist: Weil ein solches Verhalten immer unfrei macht. Wer sich und ande-

Wissenschaft arbeitet immer ergebnisoffen. Sie muss also in der Lage sein, sich von ihren Resultaten überraschen zu lassen, weil sie sonst ihren jeweiligen Erkenntnissen nicht mehr objektiv gegenübersteht.

ren die Chance raubt, zu wachsen, dazuzulernen und sich zu entwickeln, verengt das Dasein. Und leider auch Gott – weil er sein kleines, subjektives Gottesbild für Gott selbst hält.

Kehren wir noch einmal zur Schöpfungsgeschichte in der Bibel zurück. Sie wird ja immer wieder gern als Stein des Anstoßes benutzt, um Glauben und Naturwissenschaft zum Kampf antreten zu lassen. Nur: Könnte es nicht sein, dass beide Seiten mit den falschen Waffen kämpfen? Wer die ersten beiden Kapitel der Bibel unvoreingenommen liest, wird schnell feststellen, dass darin nicht nur eine, sondern zwei Geschichten erzählt werden und dass sich die beiden Schöpfungsberichte so stark unterscheiden, dass sie nur mit ganz unschönen Verrenkungen in ein einheitliches logisches Schema zu pressen sind. Es lohnt sich, das mal nachzulesen (Genesis 1+2 – das Buch heißt in manchen Bibeln 1. Mose). In der einen Darstellung wird der Mensch am Anfang geschaffen, in der anderen am Ende des Schöpfungsprozesses. Einmal kommen Frau und Mann gleichzeitig auf die Welt, einmal wird Adam eine Rippe herausgeschnitten, damit daraus eine Frau geformt werden kann. In Genesis 1 ist am Anfang alles voller Wasser, in Genesis 2 erbärmliche Trockenheit und so weiter. Abgesehen davon unterscheiden sich die Schöpfungsberichte (apropos Berichte: Wer war da eigentlich dabei?) in Atmosphäre, Bildsprache und Wortwahl ganz deutlich.

Wer sich und anderen die Chance raubt, zu wachsen, dazuzulernen und sich zu entwickeln, verengt das Dasein. Und leider auch Gott – weil er sein kleines, subjektives Gottesbild für Gott selbst hält.

Und nun stellt sich die Frage: Wird man diesen Texten wirklich gerecht, wenn man sie zusammenbiegt? Nein, natürlich nicht. Widerspruchsfreiheit ist kein göttlicher Wert. Übrigens auch kein Wert der Liebe. (Dazu mehr bei der 5. Freiheit.) Und müssten sich nicht gerade diejenigen, die der Überzeugung sind, Gott hätte das alles selbst formuliert, fragen, ob der Schöpfer des Himmels und der Erde hier wirklich einen formallogisch überzeugenden, wissenschaftlichen Bericht abliefern wollte oder ob es ihm nicht um etwas ganz anderes geht, nämlich um die geistliche Botschaft: »Ich habe euch geschaffen und ich liebe euch. Das mache ich euch mit verschiedenen Bildern deutlich.« Diese Aussage übersieht man leicht, wenn man sich nur noch über die Frage nach der Historizität streitet.

> Widerspruchsfreiheit ist kein göttlicher Wert. Übrigens auch kein Wert der Liebe.

Andersherum gilt: Der eigentlichen Botschaft der Schöpfungsgeschichte, »Die Menschen sind gewollt«, wird man bestimmt nicht gerecht, wenn man sie einfach als Märchen abtut. Wahrscheinlich prägen diese liebevollen Gedanken aus der Bibel unser Denken, unser Handeln und unseren Umgang mit der Natur bis heute viel stärker als alle wissenschaftlichen Erkenntnisse zusammen. Weil sie eine Wahrheit transportieren, die den Menschen unmittelbarer angeht als jedes empirische Ergebnis: »Du bist gewollt.« Wer das für sich annehmen kann, lebt nämlich anders als vorher. Ja, er entdeckt, dass diese Botschaft sein Leben von Grund auf verändern kann. Wirklichkeit ist eben nicht nur das, was sich messtechnisch nachweisen lässt: Wirklichkeit ist das, was wirkt.

Was heißt das konkret? Ganz einfach: Wenn die Wissenschaft feststellt, dass bestimmte Ereignisse, die in der Bibel erzählt werden, sich historisch nicht belegen lassen, sondern vermutlich alten mündlichen Überlieferungen entstammen, dann bricht damit nicht die Bedeutung des Erzählten in sich zusammen, es wird nur sein individueller Hintergrund deutlich. Vielleicht hat jemand eine Geschichte tausend Jahre vorher erlebt – und gerade weil sie so relevant und augenöffnend war, wurde sie von Generation zu Generation, von Lagerfeuer zu Lagerfeuer weitererzählt und erst dann aufgeschrieben und in einer anderen Zeit verortet. Ist sie deshalb weniger wahr? Nein, im Gegenteil, sie hat ihren Wert ja schon über tausend Jahre bewiesen. Um es auf den Punkt zu bringen: Selbst eine erfundene Geschichte kann Wesentliches über den Menschen aussagen. Die berühmte Geschichte vom »Verlorenen Sohn« zum Beispiel ist nie passiert, Jesus hat sie sich ausgedacht. Reine Fantasie. Und trotzdem wird keine Erzählung so oft genutzt wie diese, um die Liebe Gottes deutlich zu machen. Wissenschaftlich gesehen ist das »Gleichnis vom verlorenen Sohn« unbewiesen, unlogisch, fiktiv, ein Märchen und nicht von der Realität gedeckt. Und zugleich würden selbst manche Atheisten eingestehen, dass darin eine tiefe Wahrheit über das Leben zum Ausdruck kommt, die uns im Innersten berührt. Dass eine Geschichte historisch nicht belegbar ist, nimmt ihr also nicht ihren Wahrheitswert.

> Wirklichkeit ist das, was wirkt.

Wer nur den Dingen Wahrheit zugesteht, die sich wissenschaftlich beweisen lassen, hat ein sehr armes und beschränktes Dasein. Und wer versucht, die biblische Botschaft mit Gewalt in das Korsett der Wissenschaft zu zwängen, macht sie kaputt. Unglücklicherweise passiert beides immer wieder aus Angst. Und zwar aus der gleichen Angst. Beide Seiten fürchten sich vor der Kraft des Nicht-zu-Messenden (wozu auch die Liebe gehört) und beschränken deswegen ihre Perspektive auf das scheinbar objektiv Überprüfbare. Schrecklich. Für Glaubende gilt doch allemal: Wenn wir davon überzeugt sind, dass Gott eine Realität ist, dann kann uns echte Wissenschaft niemals von Gott wegführen. Aber sie kann uns helfen, unzutreffende Gottesbilder zu überwinden. Wer mir einen Irrtum nachweist, ist nicht mein Feind, sondern ein Freund, weil er mich auf dem Weg der Erkenntnis weiterbringt.

Der Glaube braucht die unvoreingenommene Wissenschaft, weil sie ihn davor schützt, biblische Texte einseitig zu interpretieren, Einzelverse über die eigentlichen Kernaussagen zu stellen und sich vor lauter Übereifer zu verrennen. Denn auch das muss mal deutlich gesagt werden: Diejenigen, die sich im Laufe der Kirchengeschichte für Kreuzzüge, Kriege, Hexenverbrennungen, gesegnete Bomben und Zwangsbekehrungen eingesetzt haben, waren alle der festen Überzeugung, sie hätten die Bibel auf ihrer Seite. Das macht ja die Buchstabengläubigkeit so bedrohlich: Wer will, findet immer eine aus dem Zusammenhang gerissene Bibelstelle, die er so drehen kann, dass sie seine Ansichten rechtfertigt. Selbst ein Kinderschänder könnte Jesus zitieren: »Lasst die Kinder zu mir kommen.« Finden Sie das zu krass? Dann passen Sie auf: Die Bibel zeigt selbst, dass man mit ihr völlig falsch umgehen kann. Als der Teufel Jesus in der Wüste verführen will, benutzt er einen ganz hinterhältigen Trick: Er zitiert Bibelverse (nachzulesen im Lukasevangelium, 4. Kapitel). Er wendet die Bibel geschickt gegen Jesus. Und das machen Menschen bis heute. Es gehört aber zu einem befreiten Glauben dazu, dass man sich in Frage stellen lässt, seine Ansichten regelmäßig hinterfragt und eifrig mit anderen überprüft, ob die eigenen Gottesvorstellungen noch mit der Botschaft Jesu übereinstimmen. Der übrigens hat ja sehr gerne an tradierten Glaubenswahrheiten seiner Zeit gerüttelt – weil sie sich von Gott entfernt hatten.

> Selbst eine erfundene Geschichte kann Wesentliches über den Menschen aussagen. Die berühmte Geschichte vom »Verlorenen Sohn« zum Beispiel ist nie passiert, Jesus hat sie sich ausgedacht.

Wichtig ist: Im Dialog mit der Wissenschaft tritt der Glaube keineswegs als Bittsteller auf, sondern darf sehr selbstbewusst zeigen, dass es ihm um Wahrheiten geht, die größer sind als ihr wissenschaftlicher »Wert«. Dem Glauben geht es in erster Linie um »Wahrhaftigkeit«, also darum, ob eine Geschichte oder Aussage für die Existenz des Menschen von Bedeutung ist. Und das ist eine andere Wirklichkeitsebene.

> Wenn wir davon überzeugt sind, dass Gott eine Realität ist, dann kann uns echte Wissenschaft niemals von Gott wegführen. Aber sie kann uns helfen, unzutreffende Gottesbilder zu überwinden.

Vielleicht hat Albert Einstein deshalb klug bemerkt: »Insofern sich die Sätze der Mathematik auf die Wirklichkeit beziehen, sind sie nicht sicher, und insofern sie sicher sind, beziehen sie sich nicht auf die Wirklichkeit.« Zum Beispiel ist der Psalmvers »Die auf den Herren vertrauen, schöpfen neue Kraft« physikalisch sehr fragwürdig, weil nach dem Energieerhaltungssatz Gott dann schwächer werden müsste. Aber so ein Zugang hätte einfach das Thema verfehlt. Hier interessiert nur: Stimmt das? Stimmt es, dass ich Kraft bekomme, wenn ich auf Gott vertraue? Die Christinnen und Christen dieser Welt sagen einmütig: Ja.

Wahrhaftigkeiten sind für die Wissenschaft nicht einzufangen, weil sie immer einen subjektiven Anteil haben: »Ich habe das so erlebt.« Vielleicht könnte diese Erkenntnis auch dazu beitragen, dass manche Konfessionen weniger selbstherrlich für sich beanspruchen, im Besitz der Wahrheit zu sein. Wenn Jesus im Johannesevangelium sagt: »Ich bin der Weg, die Wahrheit und das Leben«, dann ist damit sicher kein bestimmtes Dogmengebäude gemeint (das es zu diesem Zeitpunkt ja noch gar nicht gab), sondern ein klarer Verweis darauf, dass im Zentrum des Glaubens eine Person steht – nämlich Jesus Christus selbst. Und wenn das stimmt, dann darf kein Mensch behaupten, er hätte die Wahrheit, eben weil man Jesus nicht besitzen kann. Weise wäre wohl, sich und der Welt einzugestehen, dass niemand Gott allein ergründen kann. Gott begegnet

Menschen ganz individuell (mehr darüber im nächsten Kapitel), und darum wird jeder auch nur einen kleinen Teil von Gott verstehen. Die beste Art, Theologie zu betreiben, besteht deshalb darin, diese kleinen Einzelstücke zusammenzufügen und daraus ein großes Ganzes zu machen. Rainer Maria Rilke hat diesen Gedanken einmal sehr schön zusammengefasst:

Denn nur dem Einsamen wird offenbart,
und vielen Einsamen der gleichen Art
wird mehr gegeben als dem schmalen Einen.
Denn jedem wird ein andrer Gott erscheinen,
bis sie erkennen, nah am Weinen,
dass durch ihr meilenweites Meinen,
durch ihr Vernehmen und Verneinen,
verschieden nur in hundert Seinen
ein Gott wie eine Welle geht.

»Insofern sich die Sätze der Mathematik auf die Wirklichkeit beziehen, sind sie nicht sicher, und insofern sie sicher sind, beziehen sie sich nicht auf die Wirklichkeit.« (Albert Einstein)

Nicht nur das postmoderne Denken, auch die Netzwerkforscher aller Disziplinen sind sich einig, dass man so am meisten Erkenntnis bekommt: Alle werfen ihre Erfahrungen zusammen. Und jeder, der behauptet, seine kleine Erfahrung sei für alle gültig, irrt. Konkret bedeutet das: Jede Kirche, die behauptet, sie sei im Besitz der Wahrheit, hat sie nicht. Wahrheit wächst. Darum lautet ja auch ein Grundgedanke echter Wissenschaft: »Halte dich an die, die die Wahrheit suchen. Und hüte dich vor denen, die sie gefunden zu haben meinen.«

Das Streben nach Wahrheit steht also sowohl im Glauben, als auch in der Wissenschaft im Zentrum. Zeit, die beiden miteinander zu versöhnen. Dabei ist es gut zu wissen, dass die

Wissenschaft die Tiefe des Glaubens niemals ausschöpfen kann. Darum gibt es auch kaum einen unspirituelleren Ort als eine Vorlesung über Spiritualität. Aber: Die Wissenschaft kann Partner sein auf dem Weg der Erkenntnis. Denn Wissenschaft sagt ja nicht, wie die Dinge sind, sondern nur, wie wir sie möglichst zutreffend beschreiben können. Das ist ein gewaltiger Unterschied. Weil Beschreibungen etwas anderes sind als Glauben. Auch die wissenschaftliche Theologie entwirft Bilder. Doch wenn sie diese Bilder für die Realität Gottes hält, dann überschreitet sie ihre Kompetenzen. Vor allem passiert es dann sehr schnell, dass unterschiedliche Ansichten so stark werden, dass sie die Liebe und den Aufruf zum Miteinander nicht mehr wahrnehmen. Und das ist ja kein neues Phänomen.

Von Anfang an hatte die Kirche das Problem, dass es verschiedene Lehrmeinungen gab, die zu heftigen Spaltungen und Glaubenskämpfen führten. Diese Streitereien zogen sich teilweise über Jahrhunderte hin und führten oft zu blutigen Auseinandersetzungen, Ausgrenzungen und Exkommunizierungen. Historisch wurde das Problem so gelöst, dass sich herrschende Auffassungen entwickelten, die man in Glaubensbekenntnissen formelhaft zusammenfasste, um damit abweichende Lehren zu unterdrücken oder auszugrenzen. Ob dabei wirklich immer die wahrhaftigere Partei den »Sieg« davontrug, sei hier mal dahingestellt. Tatsache ist: So entstanden die Konfessionen (das ist das lateinische Wort für »Bekenntnisse«). In Zeiten geringer Mobilität mit geringem grenzüberschreitenden kulturellen Austausch konnte das funktionieren, auch wenn sich die Religionskriege letzten Endes gegen alle Werte richteten, die Jesus verkörpert hat: Liebe, Friede, Ver-

> Jede Kirche, die behauptet, sie sei im Besitz der Wahrheit, hat sie nicht.

gebung und Gemeinschaft. Vom heutigen Standpunkt und vor dem Hintergrund einer pluralistischen, weltweit vernetzten Gesellschaft erscheint die Bindung des Glaubens an formelhafte Bekenntnisse fragwürdiger denn je. Statt die Glaubenden zu entmündigen, indem man sie ein wie auch immer geartetes Glaubensbekenntnis unterschreiben lässt, sollte man sie dazu befähigen, ihre Freiheit zu nutzen und selbstverantwortlich vor Gott und der Welt in einen geistlichen Suchprozess einzusteigen.

Statt die Glaubenden zu entmündigen, indem man sie ein wie auch immer geartetes Glaubensbekenntnis unterschreiben lässt, sollte man sie dazu befähigen, ihre Freiheit zu nutzen.

Hier hilft noch einmal ein Seitenblick auf die Naturwissenschaft. Dort ist das Denken völlig freigegeben, es gibt jedoch zwei Regeln: Erstens müssen alle Gedankengänge offengelegt und sauber begründet werden und zweitens müssen sie an der Realität überprüfbar sein. Kein Wissenschaftler darf sagen: »Aufgrund von geheimen Quellen, die nur mir bekannt sind …« oder »Da ich der Einzige bin, dem die Gabe verliehen wurde, das hier zu verstehen …« oder »Kraft meines Amtes als Vorsitzender der physikalischen Wahrheitskommission lege ich fest, dass …« oder »Meine Wahrheit ist so heilig, die dürft ihr niemals in Frage stellen.« Die Berufung auf irgendwelche Autoritäten und eine Zersplitterung in einander bekämpfende Lager haben in einem solchen System auf Dauer keinen Platz, auch wenn es gelegentlich vorkommt. Naturwissenschaft ist die Kunst, durch systematische Anwendung des Zweifels und experimentelle Überprüfung zu belastbaren Erkenntnissen zu gelangen. Im Ergebnis erhält man eine erstaunliche Geschlossenheit der Naturwissenschaften, einen weltumspannenden, kulturübergreifende Konsens, der einen großen Teil des Wissens erfasst. Davon können sich die meisten Glaubensrichtungen eine Scheibe abschneiden. In der Welt des Glaubens orientieren sich nämlich leider viel zu viele Menschen am schönen Klang der Worte statt an ihrem Realitätsbezug.

Das mag auch daran liegen, dass diese Menschen die Religion gern als Fluchtburg benutzen, in der sie der Wirklichkeit für eine gewisse Zeit scheinbar entrückt sind. So wie wir ins Theater oder ins Kino gehen, um von den Problemen des Alltags abgelenkt zu werden, hören sich viele an hohen Festtagen ein paar schöne, fromme Worte an, ohne darin eine große Bedeutung für den Alltag zu erkennen. Das ist weder wissenschaftlich noch geistlich, das ist einfach nur schwach. Und: Wer den Glauben missbraucht, um vor der Realität zu fliehen, wird durch ihn niemals stark werden. Wer aber den Mut hat, seine subjektiven »Subsinnwelten« (wie es die Soziologen ausdrücken), also die vermeintlich festgemauerten Komfortzonen des Lebens und des Glaubens, neugierig und zweifelnd in Frage zu stellen, wird auch den Mut bekommen, Grenzen zu überwinden und einen weiteren Horizont zu wagen. Es lohnt sich, jeden Tag zu prüfen, ob wir uns gerade wieder von Äußerlichkeiten und vorgegebenen »Bekenntnissen« gefangen nehmen lassen oder ob wir uns von diesen Dingen lösen und weiterentwickeln. Das ist dann Freiheit. Und die baut auf dem Wissen auf, dass Gottes Möglichkeiten und das, was er in uns angelegt hat, immer viel größer ist als alles, was wir schon glauben, verstanden zu haben.

Wer den Glauben missbraucht, um vor der Realität zu fliehen, wird durch ihn niemals stark werden.

Sachlich können wir abschließend feststellen: Kein Physiker wird Gott jemals messtechnisch nachweisen können. Gott hat keine Masse und er sendet auch keine elektromagnetischen Wellen aus. Mit noch so genauen Apparaturen ist er nicht zu finden. Dennoch gibt es Milliarden von Menschen, die behaupten, dass Gott in ihrem Leben etwas bewirkt. Das müssen wir als Phänomen ernst nehmen. Nicht wissenschaftlich korrekt, aber sehr geistlich ist darum der Satz: »Wage zu glauben, dass Gott Realität ist. Dann wirst du seine Realität erleben.«

Freiheit 2 lautet: Du darfst wissenschaftlich denken, gerade weil Glaube nicht wissenschaftlich bewiesen werden muss – die Realität Gottes kann weder bewiesen noch widerlegt werden. Wenn die Wissenschaft uns untaugliche Vorstellungen aus der Hand schlägt, sollten wir ihr jedoch sehr dankbar sein. Entscheidend ist vor allem: Wir brauchen keine Angst vor der Wissenschaft zu haben.

Gott sei Dank, Martins Sohn ist wieder gesund. Doch während der Krankheit des kleinen Daniel haben wir erlebt, was es bedeutet, Wissenschaft und Glauben miteinander zu verbinden – Medizin und Gebet. Heute sind wir überzeugt: Die Kombination aus beidem hat geholfen. Der alte Grundsatz gilt also noch immer: »Handle, als ob alles Beten nichts nutzt, und bete, als ob alles Handeln nichts nutzt.«

Daniel

Es war im August, ein warmer Sommertag,
ein Anruf aus der Klinik, es traf mich wie ein Schlag.
Das gibt's doch nicht, das muss ein Irrtum sein:
Mein Sohn, für Krebs bist du noch viel zu klein.

Das trifft doch nur die andern, bei uns, da gibt's das nicht.
Für positive Denker ist Optimismus Pflicht.
Doch es gibt nichts dran zu rütteln, die Diagnose steht.
Der Doktor sagt uns offen, wie das Leben weitergeht:

Eine Woche Klinik, zwei Wochen ambulant,
der Rhythmus dieses Lebens liegt in der Ärzte Hand.
Ich weiß nicht, ob ich wirklich all dem gewachsen bin.
Da geht mir ein Gedanke nicht mehr aus dem Sinn:

Ich will jeden Tag so leben, als ob's der letzte wär,
werde täglich für dich kämpfen, dass du stark wirst wie ein Bär.
Ich werde lachen, weinen, beten, zu Gott um Hilfe schrein
und mit meiner Liebe um dich sein.

Die ersten Tage Krankenhaus, du kotzt die ganze Nacht.
An Schlaf ist nicht zu denken, ich halte bei dir Wacht.

Das Piepsen der Geräte, der Geruch in diesem Raum,
sie verfolgen mich bis heute immer wieder noch im
Traum.

Die Haare gehen aus, die Glatze steht dir gut,
und wenn du lachst, dann fasse ich ein wenig wieder Mut.
Im Nebenzimmer stirbt ein Kind, so geht das auf und ab.
Auf einmal scheint die Zeit für uns beide viel zu knapp.

Drum will ich jeden Tag so leben …

Ein Jahr ist nun vergangen, da lachst mich fröhlich an,
als ob das Höllenfeuer dir nichts anhaben kann.
Wie's weitergeht, weiß keiner, die Angst verschwindet
nicht,
doch taucht sie meinen Alltag in ein intensives Licht:

Denn ich will jeden Tag so leben …

3. Selbstbewusstsein tut gut

Warum ein gesunder Glaube starke Persönlichkeiten fördert

In einem sind sich ausnahmsweise alle theologischen Richtungen einig: Zwischen dem Alten und dem Neuen Testament findet ein deutlicher Individualisierungsschub statt. Während es vor der Zeitenwende zuallererst um das Schicksal des Volkes Israel ging (und zwar des Volkes in seiner Gesamtheit), konzentriert sich Jesus vor allem auf die kleine Gruppe seiner Jünger und Einzelkontakte zu Menschen. Natürlich predigt er immer wieder auch zu Versammlungen, im Zentrum seines Handelns aber stehen der individuelle Umgang mit seinen Jüngern und das Gespräch mit Einzelnen. Darum kommt auch die Frage nach der jeweils persönlichen Beziehung eines Menschen zu Gott im Neuen Testament ganz neu in den Blick.

Und nicht nur das. Jesus ist so sehr an den jeweiligen Lebensgeschichten der Menschen interessiert, dass er sich Standardlösungen regelrecht verweigert. Darum bekommt er ja auch immer wieder Krach mit all denjenigen, die so gern allgemeingültige Regeln aufstellen: »So lautet das Gesetz – und darum muss jetzt genau dies und jenes passieren.« Jesus sieht das anders. »Nein«, sagt er, »ihr verwechselt hier etwas. Der Mensch ist nicht für die Gesetze da, die Gesetze sind für den Menschen da.« Und das heißt: Lasst uns nicht einfach alle Leute über einen Kamm scheren, sondern sorgfältig im Einzelfall schauen, was diesen Menschen jetzt frei macht. Selbst als ein offenkundig Blinder Jesus um Hilfe bittet, fragt dieser ihn vorher: »Was willst du? Was soll ich für dich tun?« (Lk. 18,41) Jesus verkauft keine Patentrezepte, sondern hat ein persönliches Interesse an seinem Gegenüber. Für ihn ist ein Gespräch nicht dann gut und sinnvoll abgeschlossen, wenn eine klare Regel erklärt wurde, sondern wenn der andere tatsächlich freier ist, weil etwas von der Freiheit Gottes in ihm geweckt wurde.

In institutionalisierten Formen des Glaubens besteht immer die Gefahr, dass genau diese wertvolle Wahrnehmung des Individuums verloren geht. Man möchte gerne Rahmenbedingungen für falschen und richtigen Glauben festlegen und übersieht dabei, dass jede noch so gute Regel in Einzelfällen zu einem fürchterlichen Unrecht führen kann. Nur zwei sehr drastische Beispiele: Natürlich ist es ein wunderschöner und guter Gedanke, dass Partner ihre Ehe schützen und sich nicht scheiden lassen sollen. Doch wenn eine Frau erlebt, dass ihr Ehemann die Kinder sexuell missbraucht, dann wäre es unmenschlich und äußerst unchristlich, diese Frau weiterhin in eine Lebensgemeinschaft mit dem Täter zu zwingen. So wie man von diesen Kindern kaum erwarten kann, dass sie später ihren »Vater ehren«. Für ihre eigene Seele wäre es möglicherweise befreiend, wenn sie ihm irgendwann vergeben könnten, aber »Ehre« ist wohl das Letzte, was ihnen zu diesem Mann einfällt. Ein Gesetz ist also nicht per se gut oder schlecht. Es geht immer um die dahinterstehende Absicht. Das ist ein Kriterium, das jede Beliebigkeit ausschließt.

»Was willst du? Was soll ich für dich tun?« (Lk. 18,41) Jesus verkauft keine Patentrezepte, sondern hat ein persönliches Interesse an seinem Gegenüber.

Jesus selbst hat übrigens mehrfach die gesellschaftlichen Normen und religiösen Gesetze seiner Zeit missachtet – nicht weil er sie abschaffen wollte, sondern weil es für ihn eben ein Gebot gab, dem alle anderen untergeordnet werden sollten: die Freiheit der Liebe. Jedes Gesetz ist daran zu messen. Und wenn jemand am Heiligen Sabbat einen Kranken findet, dann wird er ihm natürlich helfen, auch wenn man nach dem Sabbatgebot am Feiertag nicht arbeiten soll. Ja, es wäre geradezu eine Pervertierung dieses Gebotes (das ja dazu beitragen soll, dass Menschen zur Ruhe kommen und sich bewusst auf Gottes Liebe ausrichten), wenn daraus plötzlich Leid, Not und Schrecken entstehen würden. Ein Gesetz darf also niemals wichtiger werden als die Freiheit des Einzelnen, die aus der Liebe erwächst.

Genau das passiert immer wieder in Glaubensgemeinschaften. Dort heißt es dann: »Du hast dich dem System unterzuordnen. Du folgst dem, was das System sagt.« Damit ist ein solches System automatisch anti-individuell. Die Institution ist plötzlich wichtiger als der Mensch, weil der Einzelne vor allem aus der Perspektive der Institution betrachtet wird. Die vermeintliche Freiheit der Gemeinschaft wird über die Freiheit des Einzelnen gestellt – und dann auch nicht mehr überprüft. Ein Phänomen, das sich übrigens in allen theologischen Richtungen findet, selbst in solchen, die sich selbst »liberal« nennen. Oft wird dann behauptet: »Wenn es der Institution gut geht, geht es den Menschen darin gut.« Das ist leider ein Irrtum. Das Gegenteil ist treffender: »Wenn es den Menschen gut geht, dann geht es der Institution gut.«

Oft wird behauptet: »Wenn es der Institution gut geht, geht es den Menschen darin gut.« Das ist leider ein Irrtum. Das Gegenteil ist treffender: »Wenn es den Menschen gut geht, dann geht es der Institution gut.«

Sehr schön kann man die Entwicklung von der Hochachtung des Einzelnen bei Jesus zur späteren Gleichmacherei übrigens an der Sprache zeigen. Im Johannesevangelium wird erzählt, wie Nikodemus, ein jüdischer Geistlicher, zu Jesus kommt, um mit ihm zu reden – nachts, weil er möglichst nicht gesehen werden will. Schon nach kurzer Zeit sagt Jesus zu dem Gelehrten einen Satz, der diesen völlig durcheinanderbringt: »Du kannst die Wirklichkeit Gottes erst sehen, wenn du neugeboren bist.« (Joh. 3,1-21) Wie bitte? Nikodemus fragt nach, die beiden diskutieren eifrig – und man hat bis zum Ende des Gesprächs nicht das Gefühl, dass Nikodemus wirklich begriffen hätte, was Jesus von ihm will. Entscheidend für uns ist: Jesus sagt diesen Satz ausschließlich zu Nikodemus. Nicht zu seinen Jüngern und auch zu sonst niemandem. Er wird (außer einmal von Johannes selbst) auch an keiner anderen Stelle im Neuen Testament zitiert oder für wichtig gehalten. Vielleicht, weil Jesus die persönliche Verbindung eines Menschen zu Gott gern auf ganz persönliche und deshalb auch ganz unterschiedliche Weise deutlich macht: Einmal spricht er vom »lebendigen Wasser«, das er ausschenkt, einmal vergibt er die Sünden, einmal feiert er mit jemandem ein großes Fest, einmal füllt er ein Fischernetz und ein andermal weckt er jemanden von den Toten auf. Es gibt offensichtlich unendlich viele Möglichkeiten, Menschen den Weg zu Gott und damit zur Freiheit zu zeigen.

Es gibt offensichtlich unendlich viele Möglichkeiten, Menschen den Weg zu Gott und damit zur Freiheit zu zeigen.

Das ganz persönlich verwendete Bild von der Wiedergeburt ist trotzdem in vielen christlichen Strömungen zu einem allgemeinverbindlichen Leitwort geworden. Ja, einige Gruppen hängen das Christsein förmlich an der Frage auf, ob jemand »wiedergeboren« ist oder nicht. Nur um das klarzustellen: Wir haben nichts gegen dieses Bild. Wie könnten wir? Es beschreibt sehr schön, was mit einem Menschen passiert, der sich auf die Liebe Gottes einlässt: Er fühlt sich wie neugeboren. Kritisch ist nur, wenn dieses Bild zum allein selig machenden Prinzip erhoben wird: »Du musst neugeboren werden …« Tatsache ist nämlich, dass die Realität völlig anders aussieht. In der Studie »Finding faith today« hat der anglikanische Bischof

John Finney untersucht, wie Menschen zum Glauben kommen, und nachgewiesen, dass selbst in den sogenannten »evangelikalen« Kreisen, in denen die Formel »Ich bin ein wiedergeborener Christ« intensiv gepflegt wird, 63 Prozent der Menschen überhaupt keine spontane »Wiedergeburt« erleben, sondern ein ganz langsames Hineinwachsen in den Glauben (in nicht evangelikalen Kreisen sind es sogar erheblich mehr). Das soll keine Schelte sein. Es ist wunderbar, wenn 37 Prozent ein so markantes Bekehrungserlebnis hatten, dass sie es als Wiedergeburt bezeichnen. Nur: Menschen, die das nicht erleben, sind nicht automatisch schlechtere oder gar überhaupt keine Christen. Gott ist mit ihnen einfach einen anderen Weg gegangen. Diese Leute haben zumeist nach und nach entdeckt, wie gut es tut, sich für Gottes Wirklichkeit zu öffnen. Bei dem einen hat es 2 Jahre gedauert, bei dem anderen 10 (laut der Studie sind es im Durchschnitt 5 Jahre).

Jedes totalitäre System erwartet vom Menschen, dass er sich unterordnet. Jesus wollte etwas ganz anderes: Er wollte, dass der Mensch von lebensfeindlichen Zwängen frei wird.

Das können viele Institutionen und Glaubensrichtungen nicht verkraften. Sie wollen, dass Gott immer gleich handelt – und verfehlen ihn dadurch völlig. Sie binden Gott an bestimmte Formeln und nehmen damit nicht nur sich, sondern auch ihm die Freiheit: »Man muss wiedergeboren sein.« – »Man muss die historischen Hintergründe verstanden haben.« – »Man muss Gott feministisch als Frau sehen.« – »Man muss den Heiligen Geist empfangen haben.« – »Man muss Sozialarbeit leisten.« – »Man muss als Erwachsener getauft worden sein.« – »Man muss die Bibel regelmäßig lesen.« – »Man muss seine Schuld bekannt haben.« »Man muss, man muss, man muss …« Jeder dieser Aspekte kann in bestimmten Situationen durchaus segensreich sein – und in anderen eher ein Fluch. Nämlich dann, wenn er zum allgemeinen Gesetz erhoben wird. Und dann, wenn das System über den Menschen gesetzt wird und man Gott nicht mehr zutraut, dass er möglicherweise in diesem oder jenem Fall ganz anders handelt, um die Liebe zu fördern.

Jedes totalitäre System erwartet vom Menschen, dass er sich unterordnet. Jesus wollte etwas ganz anderes: Er wollte, dass der Mensch von lebensfeindlichen Zwängen frei wird. Und damit sind wir wieder ganz nah an der Aufklärung. Der Philosoph Immanuel Kant schrieb ja: Aufklärung ist »der Ausgang des Menschen aus seiner selbstverschuldeten Unmündigkeit«. Ein befreiter und befreiender Glaube ist also höchst aufgeklärt. So wie alle Strukturen, die Menschen unmündig halten, nicht aufgeklärt sind, ganz gleich ob im geistlichen oder im politischen Bereich. Schon in den ersten Kapiteln der Bibel lässt Gott die Menschen selbstständig denken und handeln, weil überhaupt nur dann ihre Entscheidung für ein Leben mit Gott ernst zu nehmen ist. Wer sich aus Angst, Anpassungssucht, Minderwertigkeitsgefühl oder Interesse am Gewinn dem Glauben zuwendet, erfährt alles Mögliche, aber vermutlich nicht die Liebe Gottes.

Warum interessieren wir uns so sehr für die Aufklärung? Weil fast alle modernen und postmodernen Diskussionen über den Glauben sich an seinem vermeintlichen Gegensatz zur Aufklärung aufhängen – und nicht begreifen, dass hinter beidem ein sehr verwandtes Prinzip steckt. Beide wollen selbstbewusste Persönlichkeiten fördern, die sich nicht von kleinmachenden Systemen beherrschen lassen. Nur sind die Glaubenden der festen Überzeugung, dass es dazu der befreienden Kraft Gottes bedarf. Aufklärung bedeutet also nicht, dass sich alles einem kalten rationalen Denken unterzuordnen hat. Gotthold Ephraim Lessing, einer der bedeutendsten Aufklärer, war beispielsweise ein Mann des Theaters und kannte sich mit

Emotionen bestens aus. Historisch gesehen war die Vernunft im 18. Jahrhundert natürlich die stärkste Waffe gegen eine Bevormundung durch Staat und Kirche, die sich selbst als göttlich legitimiert betrachteten und die Gefühle der Bevölkerung geschickt zu lenken wussten. Aber eine Diktatur der Vernunft, die nur noch eine einzige Sichtweise als richtig anerkennt, widerspricht dem Geist der Aufklärung völlig. Einer der markantesten Aussprüche jener Zeit lautet: »Ich bin zwar nicht Ihrer Meinung, aber ich würde mein Leben dafür geben, dass Sie sie äußern dürfen.« (Voltaire)

Gott lädt Menschen ein, ihm ganz individuell zu begegnen und all das, was sie persönlich unfrei macht, im Rahmen einer persönlichen Beziehung gemeinsam anzugehen. Natürlich braucht es dazu immer wieder den Kontakt mit anderen Leuten (mehr dazu im Kapitel über die 6. Freiheit), die Verankerung in den biblischen Kernaussagen und die kritische Selbstreflexion, damit in einem solchen Prozess nicht irgendwelche vordergründigen Begierden und Fantasien das Ruder übernehmen. Denn: Sollte das passieren, wäre die Gottesbeziehung zwar individuell, aber keineswegs befreiend. Statt von einem äußeren System wäre die Person dann eben von inneren Kräften entmündigt worden. Wir sind der festen Überzeugung, dass jemand, der in einen regen und offenen Austausch mit Gott tritt, Lust bekommen wird, immer mehr Verantwortung für sich, sein Leben und die Welt zu übernehmen.

Gott lädt Menschen ein, ihm ganz individuell zu begegnen und all das, was sie persönlich unfrei macht, im Rahmen einer persönlichen Beziehung gemeinsam anzugehen.

In diesem Zusammenhang erweisen sich viele Gemeinden leider nicht als besonders förderlich, weil sie sich durch zu viel Individualität verunsichert fühlen. Das Ergebnis ist, dass diese Gemeinschaften, was die Kultur, die Glaubensweise, die Spiritualität und die Liturgie angeht, meist äußerst homogen sind und Andersdenkende nur ungern in ihren Zirkel einlassen. Kein Scherz, sondern eine reale Erfahrung war übrigens die Reaktion einer Kirchenvorsteherin, die nach einem Seminar kritisch bemerkte: »Wenn wir all Ihre innovativen Ideen umsetzen, dann kommen ja lauter Fremde in die Kirche!« Diese Frau hatte begriffen, was passiert, wenn man sich als Gemeinschaft öffnet. Und sofort Angst bekommen. Weil neue Leute eben auch neue Gedanken, neue Ideen, neue Fragen und neue Herausforderungen bedeuten. Dabei kann einer Glaubensgemeinschaft gar nichts Besseres passieren, als dass sie aus lauter ganz unterschiedlichen Menschen besteht, die ihre jeweiligen Gotteserfahrungen zusammenbringen und aneinander und miteinander ringen und wachsen. Das fordert heraus. Und darum gilt: Aus Angst vor zu viel Freiheit glauben viele Menschen lieber an ein überschaubares Glaubenssystem als an einen lebendigen Gott. Genau von dem aber erzählt Jesus.

Aus Angst vor zu viel Freiheit glauben viele Menschen lieber an ein überschaubares Glaubenssystem als an einen lebendigen Gott.

Wichtig ist der individuelle Zugang auch deshalb, weil alles, was wir von Gott denken können, seine Wirklichkeit immer nur bruchstückhaft erfassen wird. Um das kurz zu verdeutlichen: Die Bibel nutzt eine Fülle von Begriffen, um Gott zu beschreiben: liebevoll, eifersüchtig, allwissend, leitend, gerecht, barmherzig, gnädig, geduldig, zornig, eifernd, einzig, rächend, vergebend, parteiisch, universal, ortsgebunden, allgegenwärtig. Er ist Vater, er ist Mutter, er ist Schöpfer, König, Herrscher, Geist, Wort und noch vieles mehr. Wenn man sich diese Zusammenstellung genau anschaut, stellt man fest, dass einige Beschreibungen gar nicht zusammenpassen. Entweder jemand ist gnädig oder er bestraft. Entweder jemand vergibt oder er bleibt zornig. Und nun stellt sich wieder die Frage: Könnte es sein, dass diese Widersprüche nicht krampfhaft aufgelöst werden müssen, sondern nebeneinander stehen bleiben können? Weil Gott sehr individuell schaut, was seinem Volk oder einem Menschen in einem bestimmten Augenblick den Weg in die Freiheit bahnt? Und vielleicht sind dann zwei unterschiedliche Beobachtungen gar kein Widerspruch.

Das ist ähnlich wie in der Elementarteilchenphysik, in der man das Licht als Welle, aber auch als Teilchen beschreiben kann. Obwohl sich diese Ergebnisse vordergründig scheinbar ausschließen, lassen sie sich beide in Versuchen nachweisen und im Formalismus der Physiker auf einer abstrakten mathematischen Ebene sogar verbinden. Die menschliche Anschauung ist dazu allerdings nicht in der Lage. Für uns ist etwas entweder grün oder rot, groß oder klein, links oder rechts. Das Licht vereint jedoch auf geheimnisvolle Weise zwei einander widersprechende Erscheinungsformen. Und kein Physiker käme heute noch auf die Idee, eine der beiden Anschauungen als die einzig wahre hinzustellen. Wenn also schon so elementare Dinge wie das Licht nicht durch simple Zuordnungen von Eigenschaften sinnvoll dargestellt werden können, um wie viel mehr müssen wir bei Gott vorsichtig sein, wenn wir ihn beschreiben wollen.

Noch einmal: Alle Eigenschaften Gottes sind keine statischen Wesenszüge eines Weltendiktators, sondern subjektive Formulierungen dessen, wie Menschen Gott erfahren haben. Wer all diese so unterschiedlichen Beschreibungen zu einem einheitlichen Charakter zusammenfassen wollte, würde ein launisches und sprunghaftes Monstrum erschaffen, vor dem man in der Tat Angst haben müsste. Die Glaubensfreiheit der Individualität besteht darin, dass ich mit gutem Gewissen »meinen« Weg zu Gott suchen kann – dabei aber nie vergessen darf, dass andere ihn vielleicht ganz anders erleben. Und ich sollte bei mir und bei den anderen immer wieder klären, ob unsere jeweiligen »Erlebnisse« unsere Freiheit fördern oder einengen. Vor allem darf ich nicht einfach hingehen und anderen sagen: »Genau so, wie ich Gott erfahren habe, ist er. Und genau auf dem Weg, auf dem er mich frei gemacht hat, muss er auch dich frei machen.« Wer so denkt, ist schon lange nicht mehr frei. Denn: Wer ein klares Gottesbild hat und genau weiß, was Gott will und was nicht, kann getrost davon ausgehen, dass er sich im Irrtum befindet.

Die christliche Tradition ist bedauerlicherweise von viel Unmündigkeit geprägt. Einige Menschen suchen sie dort geradezu. Sie wollen, dass eine Autorität ihnen Weisung für ihr Leben gibt, ihnen klare Richtlinien und Werte vorschreibt und die Denkarbeit abnimmt. Und viele kirchliche Funktionsträger finden Gefallen an dieser Rolle: Sie möchten der Gesellschaft Werte vermitteln und sozusagen als »Gewissen der Nation« agieren. Das ist alles menschlich sehr verständlich, aber es geht an dem, was Jesus gelebt und gelehrt hat, vorbei. Wenn man sich genauer anschaut, welche Handlungsanweisungen Jesus seinen Jüngern gegeben hat, dann stellt man fest, dass er niemals Nachplapperer und Untertanen haben wollte, sondern starke Menschen mit Rückgrat, die seine Botschaft selbstständig weiterverbreiten können. Nicht, weil man es ihnen befohlen hat, sondern weil sie es aus lauter Begeisterung selbst möchten.

Wer ein klares Gottesbild hat und genau weiß, was Gott will und was nicht, kann getrost davon ausgehen, dass er sich im Irrtum befindet.

Wir alle haben Bilder von Gott im Kopf. Und ehe wir uns versehen, legen wir Gott auf eine bestimmte Rolle fest und wundern uns dann, dass wir wenig von ihm erleben. Wir haben ihn ja auf bestimmte Erscheinungsformen festgelegt. Ein selbstbewusster Glaube ist deshalb immer auch ein Glaube der Überraschungen, ein Glaube, der jeden Morgen neu fragt: »Nun, Gott, was hast du heute für mich bereit? Wie wirst du mir heute begegnen?«

Freiheit 3 lautet: Du darfst deinen ganz persönlichen Glaubensweg herausfinden. Gott wird dir genau so begegnen, wie du es brauchst, aber mache dich auf Überraschungen gefasst. Überprüfe deinen Weg immer wieder und lass nicht zu, dass er zu einem starren System wird, in dem sich nichts mehr entwickeln kann und Gott zu einem »Gottesbild« verkommt.

Manchmal wagt es jemand tatsächlich, statt der überlieferten Gottesbilder einen ganz persönlichen Zugang zu Gott zu suchen – und erlebt sein blaues Wunder. Dabei sind seine Erfahrungen normalerweise nicht beängstigend (sie haben alle mit Befreiung, Leidenschaft und Leichtigkeit zu tun), sie sind einfach anders. So wie bei dieser reizenden Dame hier.

Gott liebt Tango

Manchmal versteckt sich Oma Hilde
nach dem Gottesdienst im Saal.
Früher, da war sie mal 'ne Wilde,
heut wird ihr jeder Schritt zur Qual.
Und wenn sie endlich ganz allein ist,
erklimmt sie ächzend den Altar.
Und dann lacht sie: »Gott ist anders.«
Und sie strahlt so wie ein Star:

»Ich bin sicher: Gott liebt Tango,
er tanzt mit mir durch diese Welt,
hält mich fest in seinen Armen
und weiß genau, was mir gefällt.
Er führt mich aufs Parkett des Lebens,
mit ihm hab ich so manche Nacht
voller Feuer und mit Liebe
bis zum Morgen durchgemacht!«

Plötzlich, da zuckt's in ihren Gliedern
und die Knie werden weich.
Zu den alten, flotten Liedern
legt sie los. Doch da steht bleich
in der Eingangstür der Pfarrer

und es trifft ihn fast ein Schuh.
»Hey«, ruft Hilde, »Gott ist anders,
als du predigst. Hör mal zu:

Ich bin sicher: Gott liebt Tango …

Gegen Abend sieht der Küster,
und der ist ausnahmsweise nett:
Na, jetzt tanzt auch der Herr Pfarrer,
der singt mit Hilde im Duett:

»Ich bin sicher: Gott liebt Tango …«

Die 3 Freiheiten des Handelns

»Du bist doch Christ – dann musst du dich anständig benehmen!« Dieser geläufige Satz drückt eines der größten Missverständnisse der Menschheitsgeschichte aus, nämlich die unheilvolle Verknüpfung von Ethik und Seelenheil. Er ist sogar nachvollziehbar, weil in allen Religionen das richtige Handeln eine große Rolle spielt. Dahinter steckt die Idee, dass sich der Mensch durch Tugend »veredeln« soll und die Religion ihn die dafür erforderlichen Regeln lehrt. Eine ausgleichende Gerechtigkeit sorgt dann dafür, dass das Wohlverhalten eines Menschen, das meist mit dem Verzicht auf Annehmlichkeiten oder persönliche Vorteile gekoppelt ist, auf anderem Wege eine Belohnung findet.

Jesus bricht mit diesem Denken und macht durch sein Leben deutlich: Gottes Liebe ist bedingungslos. Sie gilt allen Menschen, auch und gerade den Gescheiterten. Entscheidend ist nicht das Wohlverhalten, sondern nur, ob die Menschen diese Liebe an sich heranlassen können und wollen, ob sie sich ihr anvertrauen können. Der liebevolle »Papa im Himmel«, von dem Jesus erzählt, weiß, dass es den Menschen ohnehin nie gelingen wird, immer gut zu sein. Und darum bekämpft Jesus das von Furcht geprägte Glaubensmodell (»Bin ich gut genug?«) und setzt das Vertrauen auf Gottes Gnade dagegen. »Gottes Liebe kann man nicht verdienen. Und man muss es auch nicht! Denn: Eine Liebe, die man sich verdienen muss, ist ohnehin keine echte Zuwendung, sondern ein Geschäft.«

Heißt das jetzt, dass Christinnen und Christen jeden Unsinn machen dürfen? Ist der Glaube so etwas wie ein Freibrief für unmoralisches Handeln? Vorsicht! Mit einer solchen Frage hat man noch immer das Verdienst-Denken im Hinterkopf. Der ethische Unterschied zwischen der sogenannten »Werkgerechtigkeit« (also dem Wunsch, durch gute Werke gerecht zu werden) und dem Gedanken der Gnade besteht in einem einzigen Wort: Christen *müssen* nicht anständig leben, sie *wollen* gerne. Warum? Weil jeder, der einen anderen wahrhaft liebt, das Beste für ihn will. Und wenn ein Mensch Gott liebt, dann hat er großes Interesse daran, Gottes Werte, Ideale und Gebote ernst zu nehmen. Aber: Er handelt dann aus Liebe, nicht aus Pflichtgefühl. Und das ist eine völlig andere Motivation. Menschen sollen nach Gottes Vorstellungen nicht anständig sein, weil sie dafür belohnt werden oder um der Hölle zu entgehen, sondern weil sie voller Liebe sind. Wer von der Liebe bewegt wird, sieht den anderen nämlich nicht als Objekt der eigenen Bedürfnisse, sondern als wertvolles Gegenüber. Und das macht einen großen Unterschied.

Der ethische Unterschied zwischen der sogenannten »Werkgerechtigkeit« und dem Gedanken der Gnade besteht in einem einzigen Wort: Christen *müssen* nicht anständig leben, sie *wollen* gerne.

Ein Mensch, der sich als »begnadigt« empfindet, lebt nicht nur entspannter, er weiß auch, dass Gott ihn nicht gleich verwirft, wenn er einen Fehler macht. Ja, er wird mutiger, selbstbewusster und experimentierfreudiger ans Leben gehen, weil er ja Fehler machen darf. Gott will keine Paragrafenhengste, die ihr Dasein möglichst präzise nach einer spirituellen Ordnung absolvieren, sondern Menschen, die »Freude in Fülle« (Ps. 16,11) haben, weil sie die Leidenschaft für das ihnen geschenkte Leben mit allen Sinnen genießen.

Wer von Liebe zu Gott erfüllt ist, der achtet auch die Schöpfung (und sich selbst) und käme gar nicht auf die Idee, jetzt möglichst »sündig« zu sein. Wichtig für die Freiheit des

Glaubens ist: Die Frage »Was hat Gott erlaubt?« führt völlig in die Irre, weil sie vom Eigentlichen des Glaubens ablenkt. Liebe braucht keine Gebote. Weil die Gebote aber Ausdruck von Gottes Ideal eines gelingenden Lebens sind, wird ein Liebender sie sehr ernst nehmen. Allerdings niemals wichtiger als die Liebe selbst.

Jesus versucht in der Bergpredigt deutlich zu machen, dass ethisch richtiges Handeln nicht von der Einhaltung von Regeln, sondern von der Einstellung abhängt. Wer aus Liebe handelt, ist Gott viel näher als jemand, der alle Gebote erfüllt. Darum wirft Jesus auch nicht mit Vorschriften um sich, sondern lädt die Menschen mit einem ganz schlichten, aber bedeutenden Satz zu sich ein: »Komm und sieh! – Schau dir an, ob diese Liebe, von der ich erzähle, dich frei macht oder nicht. Und dann entscheide, ob du an mich glauben möchtest.«

> Wer aus Liebe handelt, ist Gott viel näher als jemand, der alle Gebote erfüllt.

4. Liebe und tu, was du willst!

Wie Glaube zu einer guten Ethik verhilft – nicht umgekehrt

Im Prinzip ist christliche Ethik sehr einfach: Lass die Liebe Gottes an dich herankommen und in dir wirken; dann wirst du dich mit der Zeit so verändern, dass du von dir aus das Richtige tust. In Jesu »Doppelgebot der Liebe«, das er selbst als Zusammenfassung aller Ethik (und damit als Essenz der Gesetze aus dem Alten Testament) bezeichnet, wird das sehr schön deutlich: »Du sollst Gott lieben mit ganzem Herzen, ganzer Seele und aller Kraft.« Und: »Liebe deinen Nächsten wie dich selbst.« Wenn ein Mensch wahrhaftig liebt (und zwar in dieser dreifachen Ausrichtung: nämlich Gott, den Nächsten und sich selbst), dann wird er selbstverständlich liebevoll handeln und dafür sorgen, dass er weder Gott noch andere oder gar sich selbst verletzt. Oder andersherum: Wenn jemand von wahrer Liebe erfüllt ist, dann lebt er zufrieden und frei – und hat keinen Grund, einem anderen etwas Schlechtes zu tun.

Im Prinzip ist christliche Ethik sehr einfach: Lass die Liebe Gottes an dich herankommen und in dir wirken; dann wirst du dich mit der Zeit so verändern, dass du von dir aus das Richtige tust.

Um es auf den Punkt zu bringen: Ein durch und durch von Liebe erfüllter Mensch braucht letztlich kein Gebot. Nicht eines. Gebote sind ja keine Heil bringenden Vorschriften, sondern wichtige, wegweisende Hilfsmittel (oder genauer: klare Hinweise) auf die dahinterliegenden Ideale eines gelingenden Lebens. Entscheidend sind jedoch immer die angestrebten Ideale, nicht der Gesetzestext.

Warum dieser Unterschied so wichtig ist, sieht man beispielsweise am 2. Gebot, in dem es heißt, dass Menschen sich kein Bild von Gott machen sollen. Dieses Gebot beschreibt die existenzielle, befreiende Erkenntnis, dass man einen lebendigen Gott nicht in menschlichen Formen einfangen kann. Menschen neigen leider dazu, sich innere oder äußere »Gottesbilder« anzufertigen und diese irgendwann mit dem lebendigen Gott zu verwechseln. Das macht Gott klein und den Glauben engstirnig. Dass es diese Gefahr gibt, heißt aber nicht, dass man (wenn man sich ihrer bewusst ist) nicht auch mal ein buntes, anregendes Bild in eine Kirche hängen, sakrale Kunst lieben oder als Künstler eine bildnerische Annäherung an das Göttliche wagen dürfte. Wir glauben, dass Gott Schönheit liebt – sonst wäre er nicht überall in der Schöpfung so verschwenderisch damit umgegangen.

Die Realität ist leider, dass Theologen so lang über die Frage nach den Bildern gestritten haben, bis in vielen Gemeinden »Schönheit« insgesamt zu einem Unwort wurde. Ja, der Bilder-Disput hat sogar zur Spaltung der Kirche in eine Ost- und eine Westkirche beigetragen, was man nun wahrhaftig als eine Pervertierung des an sich guten Gebotes bezeichnen kann: Ein Gebot, das Fixierungen auf Äußerlichkeiten vermeiden will, bereitet die Kirchenspaltung vor. Das Traurige daran ist: In der Kirche wird häufig so viel über äußerliche Aspekte eines Themas geredet, dass der ursprüngliche Inhalt verloren geht. Gott hat vermutlich weder ein Problem mit Ikonen noch mit Gottesdarstellungen in der modernen Kunst oder ästhetisch gestalteten Kirchräumen. Abgesehen davon ist ein Kruzifix (ein Kreuz mit dem gekreuzigten Jesus daran) selbstverständlich auch ein Bildnis – und das haben gerade diejenigen, die sich bis heute gegen Bilder aussprechen, gern zu Hause an der Wand hängen.

Das Traurige ist: In der Kirche wird häufig so viel über äußerliche Aspekte eines Themas geredet, dass der ursprüngliche Inhalt verloren geht.

Weil ein engstirniger Umgang mit Regeln oft das Gegenteil des ursprünglich Beabsichtigten bewirkt, hat ein kluger Mensch die Gebote einmal mit Krücken verglichen: Für einen »Kranken« sind sie sehr nützlich, für einen »Gesunden« eher eine Belastung, weil sie ihm (wenn man sie als starre Vorschriften versteht) die Freiheit rauben. Natürlich gilt auch in diesem Zusammenhang: Freiheit heißt beim Handeln keinesfalls Beliebigkeit, sondern meint die Größe, sich der Liebe zu verpflichten – weil die im Einzelfall sehr viel christlicher ist als alle Reglements. Jemand, der bei seinen Entscheidungen darauf achtet, ob er sich selbst und anderen schadet oder nutzt, wird eben nicht egoistisch, aggressiv oder bösartig handeln, sondern sich engagiert dafür einsetzen, dass die Liebe in der Welt größer wird. Pastor Martin Niemöller, der als Widerstandskämpfer im Dritten Reich bekannt wurde, hat diesen Gedanken schön auf den Punkt gebracht: »Frage dich einfach: Was würde Jesus heute tun?«

Der große Denkfehler vieler Menschen besteht darin, dass sie die Ethik vorschnell über das Handeln definieren und sie wie die Gebrauchsanweisung eines Elektrogerätes benutzen: »Du musst dieses und jenes tun, dann wird alles funktionieren.« Bei Jesus beschränkt sich Ethik aber gar nicht auf die Handlungsebene, sondern ist in der Seinsebene begründet. Und das heißt: Letztlich will Gott nicht ein verändertes Handeln, sondern ein verändertes Sein. Und wenn man das eine mit dem anderen verwechselt, kommt man in Teufels Küche. Das veränderte Handeln soll ein Ergebnis, ein Ausdruck des veränderten Seins sein. Andersherum funktioniert es nicht. Man kann einen Menschen nicht mit Ge- und Verboten dazu bringen, besser zu werden – auch wenn man ihn noch so sehr in eine Zwangsstruktur steckt. So wie man eben auch niemanden zwingen kann, einen anderen zu lieben. Genau das aber spukt in manchen Köpfen noch immer herum und hat zu einigen der menschenverachtendsten Katastrophen der Weltgeschichte geführt.

Einige Beispiele: Obwohl die Bibel ausgesprochen wenig über Sexualität sagt (andere Sozial- und Gesundheitsvorschriften sind ihr wesentlich wichtiger, bis hin zum Verbot von Blutwurst), wird in christlichen Gemeinden kaum ein Thema derart intensiv behandelt wie die Sexualethik – was wahrscheinlich vor allem etwas über diejenigen aussagt, die andauernd darauf herumreiten. Da wird zum Beispiel die kleine Geschichte über Onan, der lieber »seinen Samen aufs Feld fallen ließ«, als Gott zu gehorchen und eine bestimmte Frau zu schwängern, benutzt, um Selbstbefriedigung grundsätzlich zu verdammen. In der Bibel ist die eigentliche Schuld des Mannes zwar die, dass er Gott nicht gehorcht, in der christlichen Tradition wurde daraus jedoch ein generelles Lustverbot: »Mach es nicht wie Onan. Mach es am besten gar nicht. Und wenn, dann nur zu Fortpflanzungszwecken. Du Tier.«

> Bei Jesus beschränkt sich Ethik nicht auf die Handlungsebene, sondern ist in der Seinsebene begründet. Letztlich will Gott nicht ein verändertes Handeln, sondern ein verändertes Sein.

Nun mag man zu diesem lüsternen Thema stehen, wie man will, Tatsache ist, dass der Umgang mit dem vermeintlichen »Gebot« zu schrecklichen Auswüchsen geführt hat: In manchen christlichen Gemeinschaften darf Sexualität bis heute nicht »befriedigend« sein. In anderen Gruppen wird der Körper an sich verachtet. Und Millionen von jungen Männern wurde eingetrichtert, sie gäben dem Einfluss des Teufels nach, wenn sie Hand an sich selbst legten. Als ob Gott nichts Besseres zu tun hätte, als pausenlos unter unsere Bettdecken zu starren. Weil die »Gesetzeshüter« aber doch im 20. Jahrhundert lebten, fingen sie dann an, irrwitzige Begründungen für ihre allzu menschlichen Verbote zu liefern: »Wer onaniert, erblindet auf Dauer, bekommt Rückenmarksschwund, wird unfruchtbar und sitzt irgendwann im Rollstuhl.« Und das alles war angeblich wissenschaftlich (!) bewiesen. Heute wissen wir, dass jede dieser Behauptungen eine Lüge ist. Das bedeutet: Viele Leute, die die Welt krampfhaft vor der Sünde retten wollen, »sündigen« bei ihrem Kampf wesentlich mehr als die vermeintlichen Übeltäter, weil sie aus lauter Angst zu Mitteln greifen, die andere verängstigen, klein machen und ihnen die Freiheit rauben.

> Viele Leute, die die Welt krampfhaft vor der Sünde retten wollen, »sündigen« bei ihrem Kampf wesentlich mehr als die vermeintlichen Übeltäter.

Ähnliches gilt für die Rockmusik. Obwohl die Bibel darüber eigentlich überhaupt nichts sagt (und mehrfach einlädt, zur Ehre Gottes zu trommeln), erschienen in den siebziger und achtziger Jahren Dutzende von Büchern, die – ebenfalls »wissenschaftlich« – aufzeigten, wie sich Schlagzeugrhythmen bösartig in unser Unterbewusstsein fressen, um dort das Moralzentrum zu zertrümmern und die Jugend in den Sündenpfuhl zu treiben. Außerdem hatte damals jemand etwas Irres herausgefunden: »Wenn man Platten rückwärts abspielt, kann man da schreckliche dämonische Botschaften hören.« (Was bei CD-Spielern gar nicht mehr so einfach ist.) Wer in der Gemeinde einen Verstärker benutzte oder sogar seine Gitarre verzerrte, war ein Büttel des Satans und förderte alles Schlechte dieser Welt. Wir haben Dutzende Bekannte, die aufgrund derartiger Predigten ihre wertvollen Schallplattensammlungen genommen und in die Mülltonne geworfen haben, um nur ja nicht von der besessenen Musik verdorben zu werden und ihre Seele zu verlieren. Die schönen Schallplatten. Und was für eine Absurdität. Vor allem wurde grausam mit den Ängsten der Menschen gespielt – und das wieder einmal im Namen Gottes. Bis heute gibt es Gemeinden, die Schlagzeug im Gottesdienst generell verbieten.

An sich ist es kein unlauteres Anliegen, Menschen »Werte für ein gelingendes Leben« nahebringen zu wollen. Schließlich ist es wirklich nicht leicht, so zu leben, dass man niemandem schadet. Aber: Ein »verbessertes« Leben wird man niemals allein durch Verbote und Regeln erreichen – sondern dadurch, dass man Menschen dabei hilft, sich, die anderen und Gott zu lieben. Nur Liebe macht Menschen dauerhaft fähig, ethisch richtig zu handeln. Und das bedeutet ganz schlicht: Wenn all die Moralisten, die sich in Gemeinden abstrampeln, um die Ethik zu retten, ihre Energie in die Liebe investieren würden, wären sie wesentlich erfolgreicher. Wenn die christlichen Gemeinschaften nicht die Angst, sondern die Liebesfähigkeit ihrer Mitglieder steigern würden, würde dort auch viel weniger »gesündigt«. Und wenn ein Mensch seine Taten jederzeit an der Liebe statt an einem Sammelsurium mehr oder weniger biblischer Vorschriften messen würde, sähe die Welt deutlich gesünder aus. Verbote sind immer *gegen* etwas, die Liebe ist *für* etwas: ein befreites Dasein.

Ein »verbessertes« Leben wird man niemals allein durch Verbote und Regeln erreichen – sondern dadurch, dass man Menschen dabei hilft, sich, die anderen und Gott zu lieben.

Die Bibel beschreibt diesen Ansatz so: »Gott ist die Liebe und wer in der Liebe bleibt, der bleibt in Gott und Gott in ihm.« (1. Joh. 4,16b) Wer liebt, in dem ist Gott. Ein ziemlich starker Satz. Aber er ist die Zusammenfassung christlicher Ethik. Denn etwas Achtungsvolleres kann man wohl kaum über einen Menschen sagen, als dass er so lebt, dass Gott in ihm ist. Jesus verdeutlicht dies einmal im Zusammenhang mit den ewigen Sorgen der Menschen – zu denen man die Angst, ein anderer könne falsch handeln, sicher auch rechnen kann: »Trachtet zuerst nach dem Reich Gottes, dann wird euch alles andere zufallen.« (Mt. 6,33) Für das Handeln heißt das: Wenn das eigentliche Ziel meiner Gedanken, Worte und Taten die Wirklichkeit Gottes (und das meint zugleich: die Liebe) ist, dann wird daraus ein ethisch gesundes Leben entstehen.

Der Kirchenvater Augustinus hat diesen Kerngedanken christlicher Ethik im 4. Jahrhundert in einem traumhaft schönen und schon damals aufgeklärten Satz zusammengefasst: »Liebe – und tu, was du willst.« Wenn du aus Liebe handelst, aus wahrhaft selbstloser Liebe, dann hast du das Wohl dieser Welt im Blick und die formaljuristische Ebene der Gebote weit hinter dir gelassen. Ein liebender Mensch prüft, welche Folgen sein Handeln hat, und geht mit seiner Freiheit verantwortungsvoll um. Darum schreibt auch Paulus im ersten Korintherbrief sehr freiheitlich: »Alles ist erlaubt, aber nicht alles dient zum Guten. Alles ist erlaubt, aber nicht alles baut auf.« (1. Kor. 10,23) Lassen Sie sich das mal auf der Zunge zergehen: Alles ist erlaubt! Das steht da zweimal: Es gibt kein Verbot. Jedoch: Wir wollen sorgfältig darauf achten, dass unser »Handeln zum Guten dient«. Und weil wir dabei natürlich immer mal wieder Gefahr laufen, uns zu verrennen, ist es wohltuend, dass es Gebote zur Orientierung gibt, und wichtig, in einer aufbauenden Gemeinschaft zu sein, in der man miteinander danach fragt, was denn das Gute aus Gottes Sicht ist (mehr dazu im Kapitel über die sechste Freiheit).

> Wenn du aus Liebe handelst, aus wahrhaft selbstloser Liebe, dann hast du das Wohl dieser Welt im Blick und die formaljuristische Ebene der Gebote weit hinter dir gelassen.

In der Aufklärung hat Immanuel Kant diese Frage übrigens ganz humanistisch beantwortet und den berühmten »Kategorischen Imperativ« entwickelt: »Handle stets so, dass die Maxime deines Willens jederzeit zugleich als Prinzip einer allgemeinen Gesetzgebung gelten könnte.« Also: Wenn das Motiv deiner Taten für alle Menschen gelten könnte, bist du auf einem guten Weg. Jesus hat den gleichen klugen Gedanken schon viele Jahrhunderte früher formuliert: »Alles nun, was ihr wollt, das euch die Leute tun sollen, das tut ihnen auch!« (Mt. 7,12) Wenn du geliebt werden willst, dann liebe. Wenn du geachtet werden willst, dann achte. Wenn du beschenkt werden willst, dann beschenke. Wenn du Freunde finden willst, dann sei ein guter Freund. Und so weiter. Was hier scheinbar trivial daherkommt, birgt eine der größten Wahrheiten der Weltgeschichte. Kein Wunder, dass es auch im Volksmund (hier allerdings in negativer Formulierung) heißt: »Was du nicht willst, das man dir tu, das füg auch keinem andern zu.« Selbst in öffentlichen Bedürfnisanstalten findet sich der Hinweis: »Bitte verlassen Sie diese Toilette so, wie Sie sie vorzufinden wünschen.« (Da juckt es uns schon lange, mal mit einem Eimer Farbe in das WC eines ICE zu gehen, weil das Stahldesign dort einfach eklig ist. Wir wünschen es grün vorzufinden …)

Wenn du geliebt werden willst, dann liebe. Wenn du geachtet werden willst, dann achte. Wenn du beschenkt werden willst, dann beschenke. Was hier scheinbar trivial daherkommt, birgt eine der größten Wahrheiten der Weltgeschichte.

Wer dieses ethische Prinzip verstanden und verinnerlicht hat, braucht keine Fülle von Einzelvorschriften mehr, sondern hat eine klare Richtschnur für die meisten Fälle des Lebens. Der entscheidende Unterschied zwischen dem rein humanistischen und dem christlichen Ideal ist jedoch der, dass es Gott mit einbezieht. Die Liebe fragt also nicht nur: »Was ist für alle Menschen richtig?«, sondern geht noch einen Schritt weiter: »Was ist unter der Perspektive von Gottes Wirklichkeit in diesem Augenblick richtig?« Wer liebevoll glaubt, der bekommt dadurch einen unfassbar weiten Horizont und stellt seine Entscheidungen immer in größere Zusammenhänge, zugleich prüft er jeden Fall individuell und fragt danach, was in einer bestimmten Situation der Liebe dient.

Ob es ethisch sinnvoll ist, einem Menschen ein Messer zu geben, hängt beispielsweise wesentlich davon ab, ob der sich damit die Pulsadern aufschlitzen oder seine Fesseln durchschneiden will. Wenn er seine Fesseln durchschneiden will, sollte man jedoch vorab noch die Frage stellen, ob es sich um einen gefährlichen Triebtäter oder um eine Geisel handelt. Und wenn es sich tatsächlich um eine Geisel handelt, sollte man klären, ob der Geiselnehmer möglicherweise ein sympathischer Typ ist, der mit der Geiselnahme einen Militärputsch verhindert hat. Wir sehen: In den meisten Fällen des Lebens helfen starre Regeln nicht weiter. Die Liebe aber ermöglicht ein Handeln, das sowohl dem Augenblick als auch dem übergeordneten Prinzip der Freiheit gerecht wird.

In den meisten Fällen des Lebens helfen starre Regeln nicht weiter. Die Liebe aber ermöglicht ein Handeln, das sowohl dem Augenblick als auch dem übergeordneten Prinzip der Freiheit gerecht wird.

Probleme entstehen immer dann, wenn Menschen die christliche Ethik als eine Art Stützkorsett verstehen, das den Menschen Stabilität verleihen muss (und ihnen dadurch oftmals auch die Luft abschnürt). Und tatsächlich: Wer mit solch einem moralischen Korsett aufgewachsen ist, mag völlig aus den Fugen geraten, wenn er davon befreit wird. Das heißt aber nur, dass er zu wenig von der Liebe begriffen hat (oder zu wenig von ihr ergriffen ist). Wesentlich besser ist es deshalb, die christliche Ethik der Liebe als ein starkes Skelett anzusehen, das von innen heraus Halt gibt. So entstehen belastbare Menschen mit Rückgrat.

Die Freiheit des Handelns ist für Gemeinschaften deshalb so herausfordernd, weil nicht nur einzelne Menschen eine Ethik haben, sondern auch und vor allem Gruppen. Ja, jahrtausende lang war Ethik immer Gruppenethik. (Die Vorstellung, dass jeder Mensch individuell für seine Taten verantwortlich ist, hat sich erst in der Neuzeit entwickelt.) Deshalb gibt es in Gemeinschaften von jeher Ordnungen (zum Beispiel »Verkehrsregeln«), die das Miteinander strukturieren. Das ist gut und sinnvoll. Auch wenn alle Autofahrer entschiedene Christen wären, müsste geregelt werden, ob links oder rechts Vorfahrt hat. Das eine ist nicht besser als das andere, aber das Aufstellen und Einhalten einer Vorfahrtsregel ist nun mal nützlich, um das Leben zu organisieren und zu erhalten.

> Wer durch Dogmatisierungen den christlichen Glauben einzäunen will, glaubt offensichtlich nicht an die Anziehungskraft seines Zentrums: die Person Jesus Christus.

Nur: Mit dem christlichen Glauben haben derartige Ordnungen überhaupt nichts zu tun. Was leider allzu oft vergessen wird. Denn solche Gruppenstrukturen neigen dazu, sich im Laufe der Zeit zu Ritualen zu entwickeln und geistlich so überhöht zu werden, dass sie plötzlich zu heiligen Statuten erklärt werden, die heilsnotwendig gepflegt werden müssen: rechts vor links, die Kirchenbänke, die Anordnung der Kerzen, der Musikstil, die Liedauswahl, die Kleidung, die Bewegungen vor dem Altar oder eine bestimmte Liturgie, lauter im Kern ungeistliche Aspekte gelten plötzlich als heilsrelevant: »Nur, wenn du genau so feierst, wie wir denken, freut sich Gott daran.« Eine solche Vorschrift untergräbt die Freiheit des Glaubens völlig und würgt auf Dauer alle kreativen Impulse oder notwendigen Veränderungen ab.

Diese bittere Erfahrung machen viele Menschen, die sich in einer traditionalistischen Kirche engagieren, in der man sich nicht mehr an der Liebe orientiert, sondern sich vorwiegend um Ordnungen, Formen und Aufrechterhaltung der schönen Fassade kümmert. Das Traurige an der Verengung des Handelns durch die »Heiligsprechung« bestimmter Handlungsvorschriften ist vor allem eines: Wer durch Dogmatisierungen den christlichen Glauben einzäunen will, glaubt offensichtlich nicht an die Anziehungskraft seines Zentrums: die Person Jesus Christus. Indirekt sagt er: »Christsein entscheidet sich nicht an der Person Jesu Christi, sondern am Einhalten unserer Gemeindeordnung.« Und genau das ist ziemlich katastrophal. Jesus steht für Freiheit – und wenn jemand seinen Glauben an Äußerlichkeiten aufhängt, traut er Jesus nicht viel zu.

> Die Liebe ist kein perfektes System, sie braucht den Reparaturmechanismus der Gnade. Liebe und Vergebung gemeinsam aber können die Welt aus den Angeln heben und die Fehlerhaftigkeit des Menschen überwinden.

Allerdings, das sei hier offen eingestanden, ist das Prinzip der reinen Liebe natürlich anfällig. In nahezu jeder Persönlichkeit gibt es destruktive Anteile (Suchttendenzen, aufgestaute Aggressionen, Eifersüchte, Neurosen) und man kann auch in reinster Absicht Unheil anrichten, etwa aus Unwissenheit oder Unverständnis. Außerdem kommt es immer wieder zu Konfliktsituationen, in denen man einfach abwägen muss: Ist jetzt die Liebe zur Freiheit oder die zu meiner Schwiegermutter wichtiger? Die Folgen solcher »Fehler« können schwer belasten, sowohl denjenigen, der sie begeht, als auch eventuelle Opfer.

Um mit derartigen Belastungen umgehen zu können, gibt es im christlichen Glauben das mächtige, befreiende Instrument der Vergebung – und zwar in dreierlei Dimensionen: Ein Opfer vergibt dem Täter, Gott vergibt den Menschen und man muss sich auch selbst vergeben können. Damit wird der

Weg nach einem Fehler oder einem Versäumnis frei für einen Neuanfang und für die Beendigung ungesunder Handlungskreisläufe. Das Ideal der Liebe könnte ohne Vergebung gar nicht funktionieren, in der Geschichte des Christentums ist aber leider der Kampf gegen die Sünde fast immer stärker betont worden als die befreiende Macht der Gnade. Die Liebe ist kein perfektes System, sie braucht den Reparaturmechanismus der Gnade. Liebe und Vergebung gemeinsam aber können die Welt aus den Angeln heben und die Fehlerhaftigkeit des Menschen überwinden.

Natürlich ist Vergebung ein Bestandteil der Liebe, sie kann diese aber im Sinn eines ethischen Grundprinzips auch ergänzen, weil Liebe an sich nicht immer alle Folgen ihres Handelns bedenken kann. Wenn etwa eine Mutter ihr Kind vor allen Gefahren schützt, handelt sie äußerst liebevoll – vielleicht macht sie es dadurch aber auch lebensuntüchtig. Vergebung ermöglicht es deshalb, nach einem Fehler das zerstörerische Prinzip der Vergeltung zu überwinden. Denn eines wissen wir längst: Ein Schaden wird nicht durch Gegenschaden wiedergutgemacht, Racheakte lösen keine Konflikte und Bestrafung veredelt nicht den Charakter. Darum bemerkte Gandhi zu Recht: »Auge um Auge, so wird die Menschheit blind.«

> Wer andauernd Vorschriften aufstellt, zeigt in erster Linie, dass sein eigenes Leben für andere offensichtlich nicht besonders »vorbildlich« und nachahmenswert ist.

Allerdings setzt Vergebung zwei Dinge voraus: Die Einsicht in die Fehlerhaftigkeit eines bestimmten Handelns und die Bereitschaft, positive Veränderung zu wollen. Und weil viele Menschen weder das eine noch das andere mitbringen und auch auf andere Maßnahmen nicht reagieren, benötigen Staaten eben doch ein Strafrecht. Von einem stark durch die christliche Kultur geprägten Staat sollte man allerdings erwarten, dass er den Aspekt der Vergeltung im Strafrecht möglichst gering hält und dafür die Resozialisierung fördert und betont.

Eines jedenfalls zeigt sich bei unserer Thematik sehr deutlich: Wer Ethik über Gebote klären will, hat in der Regel ein sehr negatives Menschenbild, er unterstellt nämlich, der Mensch sei von Natur aus schlecht, ein wildes, egoistisches Ungeheuer, das nur durch Erziehung und Vorschriften gezähmt werden könnte. Deshalb müssten Kinder religiös erzogen werden, um ihnen die christlichen Werte einzubrennen. Kein Wunder, dass in diesem System das schlechte Gewissen eine so entscheidende Rolle spielt. Zum Glück zeigt die Bibel, dass Jesus mit Menschen ganz anders umgeht. Er achtet sie, weil sie Gottes Geschöpfe sind, heilt sie und schickt sie mit der befreienden Erfahrung, die sie gemacht haben, zurück ins Leben. Er verändert sie nicht durch Moral, sondern durch Liebe. Denn der Mensch soll der Religion nicht dienen, er soll durch sie stark und lebenstüchtig werden.

Und hier kommen wir an einen ganz heiklen Punkt: Diese Werte Jesu können nicht abstrakt gelehrt, in Regeln gefasst oder gar gegen den Willen des zu Belehrenden weitergegeben werden, man kann sie nur beispielhaft vorleben. Wer andauernd Vorschriften aufstellt, zeigt deshalb in erster Linie, dass sein eigenes Leben für andere offensichtlich nicht besonders »vorbildlich« und nachahmenswert ist. Um Missverständnissen vorzubeugen: Es geht uns bei dem Wunsch nach authentischer und ansteckender Lebensführung nicht um einzelne Vorzeigechristen, sondern um funktionierende Gemeinschaften. Schließlich sagt Jesus selbst: »Daran wird jeder erkennen, dass ihr meine Jünger seid, dass ihr Liebe untereinander habt.« (Joh. 13,35)

Ein Mensch, der erkennt, dass Gott ihn liebt, und der diese Liebe zur Grundlage seines Lebens macht, wird auf Dauer eine gesunde Ethik entwickeln und voller Elan darangehen, die Liebe in der Welt zu vergrößern. Wer dagegen versucht, möglichst rechtschaffen und sündlos durchs Leben zu gehen, ähnelt einem Klavierschüler, der Angst davor hat, einen falschen Ton zu spielen. Er wird es nie lernen. Er wird vielleicht wissen, wo die Töne liegen, aber er wird niemals wundervolle Musik zustande bringen. Kompetenz erwirbt man nämlich nicht durch die Vermeidung von Fehlern, sondern durch intensives Üben und Ausprobieren. Fehler müssen erst einmal gemacht werden, damit wir aus ihnen lernen können. Offensichtlich haben aber viele Christinnen und Christen so wenig Vertrauen in die Vergebungsbereitschaft Gottes, dass sie ständig voller Angst vor der Sünde sind. Etwas zugespitzt formuliert heißt das: Wer andere durch besondere Strenge oder Überbehütung andauernd vor Fehltritten bewahren möchte, beraubt sie letztlich der Möglichkeit, Gottes Gnade zu erfahren.

Wer andere durch besondere Strenge oder Überbehütung andauernd vor Fehltritten bewahren möchte, beraubt sie letztlich der Möglichkeit, Gottes Gnade zu erfahren.

Freiheit 4 lautet: »Liebe und tu, was du willst.« Du darfst dich von der Angst befreien, nicht gut genug zu sein oder Regeln befolgen zu müssen. Lebe leidenschaftlich mit dem Ziel, die Welt liebevoller und freier werden zu lassen. Wenn die Liebe die oberste Maxime deines Lebens ist, darfst du getrost auch Fehler machen, denn Gottes Gnade ist grenzenlos.

»Liebe und tu, was du willst.« Dieser weltverändernde Satz des Kirchenvaters Augustinus aus dem 4. Jahrhundert hat uns schon vor vielen Jahren so fasziniert, dass dieser Kabarett-Text entstanden ist. Ein Text, auf den uns noch heute Menschen ansprechen, weil er ihnen geholfen hat, moralische Fesseln abzustreifen.

Liebe und tu, was du willst

Liebe und tu, was du willst!
Lebe dann das, was du fühlst!
Liebe und lebe und traue ganz fest auf Ihn.
Liebe und tu, was du willst!

In all den Jahren, die ich Gott gesucht hab,
hat man mir erzählt,
ein Christ sei dann ein Christ,
wenn er sich fest an die Gebote hält.
Und jeder wusste gleich,
was Sünde ist und wie man ihr entgeht,
bis mein Gewissen kaum noch ahnte,
wie man so was übersteht.
Doch in dem ganzen Krampf,
in dem man keine Freiheit spürt,
las ich bei einem nach,
der hatte es vor langer Zeit kapiert:

Liebe und tu, was du willst …

Und da verstand ich, was es heißt,
bei Ihm ein neuer Mensch zu sein.
In seiner Liebe mich von allen

alten Ängsten zu befrein.
Da braucht man kein Gesetz,
das jeden Weg reglementiert,
wer seine Liebe kennt, der sorgt dafür,
dass er sie nicht verliert.

Liebe und tu, was du willst …

Doch manchmal hab ich das Gefühl,
als ob das keinen interessiert.
Da scheint's, dass mancher sich durchs
Christsein seine Tage nur erschwert:

O du lieber Augustin, Augustin, Augustin,
o du lieber Augustin, alles ist hin.
O du lieber Augustin, Augustin, Augustin,
o du lieber Augustin, alles ist:

Liebe und tu, was du willst …

5. Prüft alles – und behaltet das Gute

Wie Glaube die Verantwortung für die Gesellschaft herausfordert

Eine besonders schöne Geschichte über den ethischen Ansatz der Liebe steht im 8. Kapitel des Johannesevangeliums: Jesus ist im Jerusalemer Tempel, also dem Zentrum der damaligen Glaubensinstitution, und erzählt so inspirierend von Gott, dass ihm immer mehr Menschen zuhören. Genau das missfällt den offiziellen Glaubensvertretern und sie beschließen, Jesus vor allen Leuten bloßzustellen. Man muss sich dabei vor Augen halten, dass die sogenannten »Schriftgelehrten und Pharisäer« keine bösartigen oder gar ungläubigen Menschen waren, im Gegenteil, eben weil sie sehr fromm waren, waren sie mit Leidenschaft darauf bedacht, den Glauben zu retten. Nur: »Moralapostel« neigen dazu, im Laufe der Zeit aus dem Glauben der Freiheit einen Glauben der Angst zu machen und die freisetzende Zuwendung des Menschen zu Gott gegen ein komplexes Gesetzessystem einzutauschen. Die Situation war der unsrigen also gar nicht so fern.

Was machen diese Hüter von Moral und Anstand? Nun: Sie bringen eine Frau zu Jesus, die Ehebruch begangen hat, und stellen ihn vor allen Leuten zur Rede: »Na, was sagst du dazu?« Dabei war das Ganze eigentlich ein klarer Fall. »Ehebruch« bedeutete einen Verstoß gegen das 6. Gebot – und darauf stand der Tod durch Steinigung. Die Geistlichen berufen sich ganz offiziell auf die Bibel und sagen: »Schau, Jesus, hier steht es schwarz auf weiß in der Heiligen Schrift: ›Die Frau muss getötet werden.‹« Und Jesus? Der steckt plötzlich in einer vertrackten Situation. Wenn er die Frau freispricht, stellt er sich über das Gesetz des Moses (was damals ebenfalls mit der Todesstrafe geahndet wurde), wenn er sie verurteilt, führt er seine ganzen Predigten über Gnade, Vergebung und die Zuwendung zu den Sündern ad absurdum. Mit einem Mal stehen sich die Liebe und die Gesetzesethik wie in einem Duell gegenüber.

Jesus reagiert grandios: Er wirft den Ball nämlich zurück und zeigt, dass es bei Gott nicht um Gebote, sondern zuallererst um Verantwortung geht. Er sagt einfach: »Der unter euch, der ohne Sünde ist, soll den ersten Stein werfen.« Das heißt: »Achtung! Ich sage nicht, dass das Gesetz nicht mehr gilt. Ehebruch ist falsch. Aber ich appelliere an euer Gewissen. Wenn ihr vor euch selbst und vor Gott (darauf verweist das Wort »Sünde«) verantworten könnt, diese Frau zu töten, ja, wenn ihr wirklich meint, dass euer eigener Lebenswandel euch das Recht dazu gibt, dann bitte: Werft die Steine, die ihr in den Händen haltet.« Da werden die, die der Frau eben noch gierig nach dem Leben getrachtet haben, ganz kleinlaut und verlassen den Platz.

»Moralapostel« neigen dazu, im Laufe der Zeit aus dem Glauben der Freiheit einen Glauben der Angst zu machen und die freisetzende Zuwendung des Menschen zu Gott gegen ein komplexes Gesetzessystem einzutauschen.

Was ist da passiert? Jesus macht deutlich, dass die Frage, ob ein bestimmtes Handeln gut oder schlecht ist, nicht mit verallgemeinernden Regeln geklärt werden kann und dass wir aufgefordert sind, unsere Taten vor Gott, den Menschen und vor uns selbst zu verantworten. Dabei sind die Gebote (wie schon erwähnt) wertvolle Wegweiser, aber das Ziel der Gebote ist die Liebe, nicht die unreflektierte Einhaltung von Vorschriften. Entscheidend ist übrigens noch, wie die Geschichte ausgeht. Als die Ankläger verschwunden sind, fragt Jesus die Frau: »Und? Hat dich jemand verdammt?« Das bedeutet: »Hat jemand aufgrund deines Verhaltens deine Person verurteilt?« Und die Frau sagt völlig verwundert: »Nein. Niemand.« Woraufhin Jesus sagt: »Dann verdamme ich dich auch nicht. Geh und sündige in Zukunft nicht mehr.«

Auch hier geht es Jesus nicht darum, gute Gebote auszuhebeln, sondern ihnen ihren Platz zuzuweisen. Und da trennt er deutlich zwischen einer Person und ihrem Handeln. Die Person ist vor Gott grundsätzlich geliebt, geachtet, gewollt und gut. Ihr Handeln ist es nicht immer. Aber je mehr ein Mensch erkennt, dass er geliebt ist, je mehr er die Liebe Gottes zum Mittelpunkt seines Lebens macht, desto besser wird er auch handeln. »Ich verdamme dich nicht. Ich spreche dir den Segen Gottes nicht ab«, sagt Jesus, und das heißt: »Auch wenn dein Handeln falsch war, lässt dich der Gott des Himmels und der Erde niemals fallen. Aus diesem Wissen heraus versuche, anders zu leben.«

> Jesus macht deutlich, dass die Frage, ob ein bestimmtes Handeln gut oder schlecht ist, nicht mit verallgemeinernden Regeln geklärt werden kann und dass wir aufgefordert sind, unsere Taten vor Gott, den Menschen und vor uns selbst zu verantworten.

Wir wissen nicht, wie die Geschichte weiterging, eines ist jedoch klar: Hätte Jesus nicht eingegriffen, wäre die Frau gestorben, so aber hat sie eine befreiende Erfahrung gemacht, die ihr eine neue, größere Perspektive auf ihr Leben geschenkt hat. Das unreflektierte Einhalten der biblischen Gebote hätte die Ehebrecherin umgebracht, die Liebe hat sie gerettet. Wir erinnern in diesem Zusammenhang noch einmal an den klugen Satz von Paulus: »Der Buchstabe tötet, der Geist macht lebendig.«

Warum ist die Unterscheidung zwischen Gesetz und Liebe so entscheidend? Ganz einfach: Gesetze einzuhalten bedeutet, Verantwortung abzugeben. Lieben aber meint, Verantwortung zu übernehmen. Wenn ein Mensch Gesetzen folgt, dann ist er überzeugt, es sei genau festgelegt, was gut und was böse ist –

und er fühlt sich der Verantwortung enthoben, selbst zu entscheiden, sich eine eigene Meinung zu bilden und die Dinge sorgfältig zu überprüfen. Das ist natürlich ein sehr einfaches und sehr bequemes Lebensmodell: »Ich muss mir keine Gedanken machen, weil die Bibel ja alles genau festgelegt hat. Die Gebote oder unsere Gemeindeordnung regeln mein Leben – und alles andere ist dann nicht so wichtig.« Dieses Denken bringt allerdings zwei recht grauenerregende Konsequenzen mit sich:

> Gesetze einzuhalten, bedeutet, Verantwortung abzugeben. Lieben aber meint, Verantwortung zu übernehmen.

Erstens sagt die Bibel zu den meisten Themen der Gegenwart überhaupt nichts, jedenfalls nicht direkt – Demokratie, Atomkraft, Windenergie, Erderwärmung, künstliche Befruchtung, Krippenplätze, Stammzellenforschung, Arbeitslosigkeit, Ökumene, Medienkonsum, Terrorismus, Wohlstandsdepression, Schönheitsoperationen, Emanzipation oder Rassismus kommen in ihrer heutigen Tragweite und Bedeutung darin einfach nicht vor (um nur einige wenige Bereiche zu nennen). Darum war es ja auch so vielen christlichen Gemeinschaften möglich, Unmenschlichkeiten wie Apartheid, Sklaverei, Frauenunterdrückung, Kriege oder die Ausrottung der Indianer mit einem guten »christlichen Gewissen« zu vertreten. Man nahm die Bibel angeblich wörtlich, bog sie sich aber in Wirklichkeit genau so zurecht, wie man sie gerade brauchte, indem man zwei- bis viertausend Jahre alte Formulierungen eins zu eins und ungeprüft auf die Gegenwart übertrug.

Natürlich kommen in der Heiligen Schrift Sklaven vor. Weil das in der damaligen Kultur so üblich war. Doch wenn es etwas gibt, was die Bibel von der ersten bis zur letzten Seite kennzeichnet, dann sind es der Wunsch und die Erfahrung, dass Gott frei macht. Die Bibel ernst zu nehmen, bedeutet daher nicht, ihre kulturell bedingten Gesetzlichkeiten zu kopieren, sondern ihre befreiende Botschaft auf die jeweiligen Lebensverhältnisse der Menschen zu übertragen. Dass Millionen Christinnen und Christen noch im 20. Jahrhundert der Überzeugung waren, die Sklaverei sei biblisch verankert und gottgewollt, ist bis heute erschreckend.

> Die Bibel ernst zu nehmen, bedeutet daher nicht, ihre kulturell bedingten Gesetzlichkeiten zu kopieren, sondern ihre befreiende Botschaft auf die jeweiligen Lebensverhältnisse der Menschen zu übertragen.

Zweitens führt der Rückzug in eine 2000 Jahre alte Welt in der Regel zu einer unglaublichen Interesselosigkeit gegenüber der heutigen Realität. Oft setzen sich gerade die Gemeinden, die besonders laut für das buchstabentreue Verständnis der Bibel eintreten, nur wenig für gesellschaftliche Veränderungen ein. Die Herausforderungen der Gegenwart interessieren sie einfach nicht. Vereinzelt gibt es großartige diakonische Projekte, aber es fehlt der Impuls, durch politische Mitwirkung zur Rettung der Umwelt, zur Bewahrung des Weltfriedens oder zur Beseitigung sozialer Missstände beizutragen. Man kann zugespitzt sagen: Je bibeltreuer Gemeinschaften sind, desto eher nehmen sie in der Öffentlichkeit konservative Positionen ein, wie das zum Beispiel in den USA stark ausgeprägt ist. In ihrer Denkweise ähneln sie oft den Schriftgelehrten und Pharisäern, die in der Bibel meist als Gegenspieler Jesu dargestellt werden. Erstaunlich, oder?

Wäre das nur ein Problem von Extremisten, könnte man darüber enttäuscht hinwegsehen, die Tendenz zur Abschottung ist aber leider in allen Konfessionen zu entdecken. Die Gemeinden verstehen sich immer öfter als Trutzburgen und wollen für ihre Mitglieder sozusagen eine gute und anständige Gegenwelt zur »bösen« Wirklichkeit des Alltags schaffen. Das heißt: Menschen ziehen sich in ihren Glauben zurück, schaffen sich in der christlichen Gemeinschaft ein kleines spirituelles Paradies und erholen sich dort von den Herausforderungen des anstrengenden Lebens »draußen«. Nach und nach entstehen so geschlossene »Kuschelclubs der Erretteten«, die sich nur noch um sich selbst, ihre Fragen und ihr Seelenheil drehen, den Bezug zur Realität verlieren, eine gänzlich eigenständige Kultur und Sprache entwickeln und die Gesellschaft plötzlich als feindliches Terrain betrachten. Besonders eindrücklich haben wir das einmal erlebt, als wir in einer kleinen Dorfkirche zu Gast waren und von einem alten Mann angeschnauzt wurden: »Hey, Sie da. Setzen Sie sich sofort woanders hin. Das hier ist mein Platz.« Da war die Sitzposition wichtiger geworden als Gastfreundschaft, Höflichkeit und Gemeinschaft – und die Gesetze des geschlossenen Zirkels mächtiger als die Liebe.

Die Botschaft Jesu ist eine völlig andere. Sie lautet: »Ich sende euch hinaus in die Welt.« Und sie ist eine große Einladung, Verantwortung für die Welt zu übernehmen. »Verantwortung« meint dabei zuallererst die Freiheit, das Gegebene immer neu in Frage stellen zu dürfen, um tragfähige Lösungen für die Gegenwart zu finden. Paulus sagt: »Prüft alles – und behaltet das Gute.« (1. Thess. 5,21) Also: Seid nicht voreingenommen. Lasst euch nicht von Vorurteilen, Reglements und vorschnellen Meinungen bestimmen. Nein, prüft alles. Das ist Freiheit pur. Vor allem ist es eine zeitlose Aufforderung. Prüft – immer wieder neu –, ob eure aktuellen Handlungsmaximen, Ausdrucksformen, Gottesbilder, Ideale und Meinungen wirklich das Beste für Gott, eure Nächsten und euch selbst sind.

Paulus sagt: »Prüft alles – und behaltet das Gute.« (1. Thess. 5,21) Seid nicht voreingenommen. Lasst euch nicht von Vorurteilen, Reglements und vorschnellen Meinungen bestimmen. Nein, prüft alles. Das ist Freiheit pur.

Traditionen können dabei sehr wohl helfen, Kriterien zur Beurteilung dessen zu entwickeln, was das Beste ist – aber keine Tradition ist heilig. Prüft genau, was die Wirklichkeit Gottes voranbringt. Prüft, ob Gregorianik, Klassik, Hymnen, Pop, Schlager oder Hip-Hop in einer bestimmten Situation die richtige Musik sind, um Gott angemessen zu feiern. Prüft, ob euer Frauenbild noch stimmt. Prüft, ob eure Liturgie ein sinnentleertes Ritual oder eine Form lebendiger Spiritualität ist. Prüft, prüft, prüft. Und dann behaltet das, was sich bewährt und was am meisten die Liebe und die Freiheit der Menschen fördert.

Dieser Gedanke ist vielen christlichen Gemeinschaften zuwider. Sie wollen nichts prüfen, weil sie sich nicht in Frage stellen lassen wollen. Sie fühlen sich sicher in ihren eingespielten Strukturen und merken nicht, dass sie genau damit ihre Identität verlieren. Sie bewahren seit 2000 Jahren die Erinnerung daran, dass Jesus Veränderung wollte (was so sinnvoll ist wie ein Museum für 2000 Jahre alte Frischluft), und entbinden ihre Mitglieder durch feste Gemeinschaftsregeln von der Verantwortung, sich eine eigene Meinung zu bilden. Dabei hat schon Paulus gefragt: »Warum sollte ich das Gewissen eines anderen über meine Freiheit urteilen lassen?« (1. Kor. 10,29b) Die Kirchen des 21. Jahrhunderts stehen heute vor der großen Herausforderung, dass sie nicht nur die Christinnen und Christen ganz neu an ihre persönliche Verantwortung für Glaube, Liebe und Hoffnung erinnern, sondern dass sie tatsächlich ihr gesamtes Erscheinungsbild auf den Prüfstand stellen sollten. Denn auch für sie gilt: »Nur wer sich ändert, bleibt sich treu.« (Wolf Biermann)

> Wer aufgrund von Geboten handelt, reagiert nur oder handelt aus Pflichtgefühl. Wer Verantwortung empfindet, agiert mit persönlicher Hingabe.

Glaube hat das Potenzial, die Welt zu verändern. Weil er Menschen verändern kann und ihnen Verantwortung für die

Gestaltung der Welt überträgt. Das ist etwas ganz anderes als Gesetzlichkeit. Wer aufgrund von Geboten handelt, reagiert nur oder handelt aus Pflichtgefühl. Wer Verantwortung empfindet, agiert mit persönlicher Hingabe. Er fühlt sich verantwortlich für sich selbst, für die Mitmenschen und für die Welt. Eine Welt, in der aufgrund der Globalisierung und der Medienexplosion mein Nächster schon lange nicht mehr nur der Hausnachbar, sondern auch der kleine Junge in Indien oder das Kriegsopfer in Afghanistan ist. Der große Auftrag Gottes an die Menschen, sie mögen die Welt »bebauen und bewahren«, gilt unverändert. Und das heißt: Jede und jeder, unsere Gemeinschaften und unsere Kirchen sind aufgefordert, diese Welt aktiv zu gestalten und dazu beizutragen, dass die Freiheit der Liebe wachsen kann. Und wer sich in sein Schneckenhaus zurückzieht, sperrt nicht nur sich selbst ein, er trägt auch dazu bei, dass andere unfrei leben müssen.

> Die Antwort auf zu viel geistliche Gesetzlichkeit ist nicht freundlicher Humanismus, sondern vom Glauben getragene Verantwortung.

Weil viel christliches Engagement nicht aus Dankbarkeit und Lebensfreude geschieht, sondern aus religiösem »Druck« und dem Streben nach sozialer Anerkennung, kommt es oft auch entsprechend verkrampft daher. Ironischerweise sind solche Menschen manchmal die tragenden Säulen einer Gemeinde und prägen mit ihrem Lebensgefühl, das ja eigentlich in hundertprozentigem Gegensatz zur christlichen Botschaft steht, das Zentrum des kirchlichen Lebens.

Die Folge der inneren Emigration vieler Gemeinden ist ein wesentlicher Grund dafür, dass die Kirchen so oft als konservativ, lustfeindlich, langweilig und vor allem als völlig irrelevant empfunden werden. Daran kann auch die beste Öffentlichkeitsarbeit nichts ändern. Die »liberalen« Kirchen versuchen zwar, diese Effekte abzumildern, indem sie alles »nicht so verkniffen« sehen, driften dann aber leicht in eine Konturlosigkeit ab und reduzieren sich selbst auf ein diffuses »Gutmenschentum«, das nach außen auch nicht besonderes attraktiv wirkt. Die Antwort auf zu viel geistliche Gesetzlichkeit ist deshalb nicht freundlicher Humanismus, sondern vom Glauben getragene Verantwortung. Eine Verantwortung, die im Hier und Jetzt zum Tragen kommt.

Wenn Jesus von Heilung gesprochen hat, dann ging es ihm nämlich durchaus um eine Heilung im Diesseits. In vielen christlichen Traditionen wurde dieser menschenfreundliche Ansatz unglücklicherweise in ein vorwiegend jenseits orientiertes »Heil« umgewandelt, das in seiner Abstraktheit keinerlei spürbare Auswirkungen mehr auf die Gegenwart hat. »Erlösung« wurde zu einem rein gedanklichen Vorgang, der sich im Wesentlichen auf die Zugehörigkeit zur »richtigen« Religion reduziert, aber keine erfahrbare Befreiung auf Erden mehr mit sich bringt. Ja, es gibt sogar Leute, die es als einen besonderen Vorzug des Christentums betrachten, dass man auch dann erlöst wird, wenn man davon auf Erden noch gar nichts spürt. Nur: Die Menschen, die Jesus in der Bibel heilt, spürten das sehr wohl. Sie waren gelähmt und konnten wieder gehen, sie waren blind und konnten wieder sehen, sie waren aussätzig und wurden gesund, sie waren taub und konnten wieder hören, sie waren tot und wurden wieder lebendig. Mit genau diesen Worten beschreibt Jesus sein Wirken, als er von Johannes dem Täufer gefragt wird, ob er wirklich der sehnsüchtig erwartete Messias sei: »Sieh einfach hin. Kranke werden gesund. Tote werden wieder lebendig. Arme Leute hören eine gute Botschaft. Und gut dran ist jeder, der sich nicht über

Die Lehre Jesu ist keine moralische Maximalforderung, sondern eine konkrete Empfehlung für ein gelingendes Leben.

mich ärgert.« (Mt. 11,1-6) Menschen werden frei. Das ist der beste Beweis für die Gegenwart Gottes.

Viele Christinnen und Christen drücken sich vor der Verantwortung des Glaubens übrigens mit einem geschickten Kniff. Sie stilisieren die Bergpredigt zu einem unerfüllbaren Ideal: »Das schafft ja ohnehin keiner.« Die Lehre Jesu ist aber keine moralische Maximalforderung, sondern eine konkrete Empfehlung für ein gelingendes Leben. Typisch für die ängstliche Mentalität zögerlicher Leute sind Formulierungen wie diese: »Bei uns menschelt es halt ein bisschen.« – »Wäre das schön, wenn die Welt so sein könnte wie bei Jesus.« Sätze, mit denen man die Widersprüche zwischen Anspruch und Realität abzumildern hofft. Das Resultat einer solchen Einstellung sind dann zumeist recht anspruchsvolle Predigten über die Bedeutung christlicher Werte, bei denen keiner nachfragt, ob und wie sie im eigenen Lebenszusammenhang der Hörenden tatsächlich verwirklicht werden. Der Philosoph Sören Kierkegaard hat dazu eine sehr treffende Geschichte erzählt: In einer Gemeinde von Gänsen predigt ein Pfarrer leidenschaftlich über das Fliegen. Alle Gänse sind zutiefst ergriffen, nicken zustimmend – und gehen nach dem Gottesdienst zu Fuß nach Hause.

> Wer Jesus nur als großes Vorbild sieht, gerät leicht in die Versuchung, seine Lehre als ohnehin unerfüllbares Programm anzusehen und sie zum Lippenbekenntnis degenerieren zu lassen.

Natürlich hat Jesus in seinen Predigten und Dialogen aus rhetorischen Gründen seine Aussagen bisweilen pointiert und überspitzt, aber nicht umsonst sagt er am Ende der Bergpredigt: »Wer diese meine Rede hört und tut sie, der gleicht einem klugen Mann, der sein Haus auf Felsen baut.« (Mt. 7, 24). Da geht es nicht um Vorschriften, sondern um die schlichte Erkenntnis: Wer diese Vorschläge nicht umsetzt, wird erleben, dass sein Lebenskonzept beim ersten großen Unwetter in sich zusammenbricht – so, als wäre es auf Sand gebaut. Es geht also in der Bergpredigt nicht um unerfüllbare Ideale, sondern um die Frage: Welche Lebensstrategien, welche Werte tragen auch in Krisensituationen? Erstaunlicherweise waren es so unterschiedliche Persönlichkeiten wie Mahatma Gandhi und Martin Luther King, die gezeigt haben, dass die Bergpredigt nicht nur im privaten Bereich oder im kirchlichen Umfeld relevant ist, sondern dass sie sogar zur Durchsetzung konkreter politischer Ziele (etwa der Beseitigung von Unterdrückung) eingesetzt werden kann: Beide veränderten auf gewaltlosem Weg die Gesellschaft, in der sie lebten, grundlegend.

Entscheidend für die Frage nach der Verantwortung der Glaubenden ist die Erkenntnis: Wer Jesus nur als großes Vorbild sieht, gerät leicht in die Versuchung, seine Lehre als ohnehin unerfüllbares Programm anzusehen und sie zum Lippenbekenntnis degenerieren zu lassen. Geistliche Verantwortung bezieht sich dagegen auf das Vertrauen, dass die ganz andere Wirklichkeit Gottes in unserer Welt schon heute erfahrbar ist. Und dass das Versprechen Gottes, dass die Liebe etwas nach dieser Welt verändert, tatsächlich gilt. Verantwortung ist nach diesem Verständnis keine Last, sondern ein Geschenk. Glaubende sind eingeladen, in der konkreten Wirklichkeit nicht nur sich selbst, sondern die Freiheit der Liebe als Maßstab zu nehmen. Und das ist in vielerlei Hinsicht großartig.

Glaubende haben die Zusage Jesu, dass sie berufen sind, Liebe in die Welt zu bringen. Er verspricht, dass er keinem Menschen eine Verantwortung überträgt, die zu schwer für ihn würde, und macht zugleich deutlich: »Du bist für die Weltgeschichte wichtig. Du kannst etwas dazu beitragen, dass sich das Angesicht der Erde positiv verändert. Dafür hast du spezielle Begabungen und Fähigkeiten bekommen.« »Verantwortung für das Leben« ist deshalb mehr als eine Handlungsaufforderung, es ist zugleich eine Antwort auf die Sinnfrage: Ein Leben wird sinnvoll, wenn es die Liebe Gottes in dieser Welt voranbringt. Wie das genau geschieht, gilt es individuell mit Gott abzuklären, der Auftrag aber ist erst einmal ein ungeheuer kraftvoller Zuspruch.

Glaubende sind aufgefordert, ihre Verantwortung sich selbst und Gott gegenüber an niemanden zu delegieren – an kein Gesetz, keine Gemeinde, keine Kirche und kein selbst gefertigtes Lebenskonstrukt. Und weil dem so ist, wird ein gläubiger Mensch zeit seines Lebens dazulernen. Schon Martin Luther sagte sinngemäß: »Glauben ist ein Werden, kein Sein.« Oder wie es ein frecher Aufkleber ausdrückt: »Ein guter Christ ist immer Anfänger.« Im Wissen um die Unvollständigkeit jeglicher menschlicher Strukturen und Interpretationen und damit auch unseres eigenen Verständnisses sollen wir unseren Glauben immer wieder überprüfen und versuchen, Gott jeden Tag neu kennenzulernen. Das meint auch, eingefahrene Wege zu verlassen, fremde Formen zu probieren und alte Festgelegtheiten zu überwinden.

Im Wissen um die Unvollständigkeit jeglicher menschlicher Strukturen und Interpretationen und damit auch unseres eigenen Verständnisses sollen wir unseren Glauben immer wieder überprüfen und versuchen, Gott jeden Tag neu kennenzulernen.

Ein solcher Glaube überwindet die Begrenzungen von Institutionen, ohne sie zu verdammen, weil er sich zugleich verantwortlich fühlt, sie aktiv mitzugestalten und ihre Verkrustungen aufzubrechen. Und er bleibt zeitgemäß, weil er die tradierten Werte immer wieder auf ihre Alltagstauglichkeit hin überprüft. Verpflichtet ist er dabei letztlich nur Gott selbst, dessen gute Nachricht das Leben fördern will.

Freiheit 5 lautet: Du darfst in deinem Glauben Verantwortung übernehmen, ja, du wirst von der Bibel konkret eingeladen, einengende Strukturen immer wieder zu überprüfen und zu klären, inwiefern sie den Idealen Gottes weiterhin gerecht werden. Diese Freiheit ist keineswegs leicht zu bewältigen, weil sie uns herausfordert, in ständigem Dialog mit Gott und den Menschen nach Leben fördernden Formen der Liebe zu suchen. Aber sie macht stark und lebenstüchtig.

Wer sich nur aus Angst vor Höllenstrafen anständig benimmt, hat von Ethik relativ wenig verstanden. Ihn lenkt die Angst und nicht die Liebe. Deshalb begreift er auch den Sinn eines verantwortlichen Lebens überhaupt nicht. Wie sich das dann anfühlt, zeigt dieser freche Text, der Mut macht, etwas entspannter zu leben.

Heiligenschein

Mensch, manchmal wär ich gern gemein,
so durch und durch ein kleines Schwein,
doch ich weiß selbst, das darf nicht sein,
weil ich ja fromm bin.
Ja, manchmal denk ich ahnungsvoll,
ich brauch Sex, Drugs und Rock 'n' Roll,
doch mein Herr Pfarrer sülzt mich voll,
weil ich ja fromm bin.
Also frage ich mich schlicht:
Muss ich nun brav sein oder nicht?
Und warum fürcht ich das Gericht,
obwohl ich fromm bin?

O Mann, was kann das sein?
Klemmt da vielleicht
mein Heilgenschein.
O ho, o ho, o ho,
... mein Heilgenschein.
O ho, o ho, o ho,
... mein Heilgenschein.

Hey, draußen sind sie wild und geil,
ich denk bloß an mein Seelenheil,

das ist doch widerlich, nur weil …,
ja, weil ich fromm bin.
Ich hätte auch gern richtig Geld
und wär der tollste Kerl der Welt,
nur dass man das für sündig hält,
weil ich ja fromm bin.
Manchmal merke ich voll Schreck,
das wahre Leben ist weit weg,
weil ich mich einfach da versteck,
wo alle fromm sind.

O Mann, was kann das sein …

Schnürt der Heiligenschein
auch die Freude ein,
dann muss man sich befrein
mit Gottes Hilfe.
Glaube, der beschwert,
ist keinen Euro wert,
dann gilt: Jetzt wird bekehrt,
und zwar zum Leben.

O Mann, was kann das sein …

6. Einsam bist du klein

Wie Glaube eine inspirierende Gemeinschaft aufbaut

Vor einigen Jahren wurde eine interessante Umfrage durchgeführt. Man bat die Befragten anzukreuzen, was für sie das Faszinierendste am christlichen Glauben sei. Mehrheitliche Antwort: »Jesus Christus!« Dann wollte man von den Menschen wissen, was für sie das größte Hindernis für den Glauben sei. Wieder mehrheitliche Antwort: »Die Christen!« Die Person Jesus Christus finden selbst viele Zweifler faszinierend, aber auf sein weltfremdes Bodenpersonal können sie – so die eindeutige Meinung – gut und gerne verzichten, ja mehr noch, es ist für viele gänzlich unattraktiv.

Das ist für die Kirchen insofern ein Schlag ins Gesicht, als Jesus ja mehrfach darauf hingewiesen hat, dass gerade das Verhalten der Glaubenden ein Hinweis auf die Liebe, Freundlichkeit und Gnade Gottes sein sollte. Jesu Traum war: Die Gesellschaft sieht die christliche Gemeinschaft und erkennt schon an deren Umgang miteinander, dass es Gott gibt – die Glaubenden als lebende Einladung zum Glauben. Und nun scheint es manchmal genau andersherum zu sein: Die christliche Gemeinschaft hat heute bisweilen ein Image, das viele spirituell suchende Menschen eher abschreckt als einlädt.

Die christliche Gemeinschaft hat heute bisweilen ein Image, das viele spirituell suchende Menschen eher abschreckt als einlädt.

Dabei ist die Vorstellung einer einladenden Gemeinde keineswegs eine Utopie. Gerade in den ersten Jahrhunderten funktionierte die Kirche genau so – und das unter widrigsten Umständen. Wer sich damals als Christ zu erkennen gab, musste im

Römischen Reich damit rechnen, hingerichtet oder zumindest sozial geächtet zu werden. Trotzdem war die neuartige Gemeinschaft der Christen für die Menschen so attraktiv, dass sie offensichtlich bereit waren, dafür ihr Leben aufs Spiel zu setzen.

Was war das Geheimnis dieser frühen Gemeinden? Ganz einfach: Freiheit. Hier erfuhren Menschen Freiheit, die sonst keine bekamen: Sklaven zum Beispiel. Sie wurden als vollwertige Mitglieder in die Gemeinschaft aufgenommen, obwohl sie in der damaligen Gesellschaft rechtlich nur als Dinge galten. Frauen erlebten in der frühen Kirche, dass sie plötzlich nicht mehr als Objekte, sondern mit Würde und Achtung behandelt wurden. Und Arme entdeckten, dass es ein inspirierendes Miteinander gibt, das selbst in der stark geschichteten antiken Gesellschaftsform alle Standesunterschiede überwinden konnte.

Dazu kam, dass die großen Götterkulte in jener Zeit gerade eine schleichende Verweltlichung erlebten. Es gab in der römischen Kultur einen inflationären religiösen Markt und regelmäßig tauchte irgendwo ein weiterer Tempel einer ausländischen Gottheit auf, deren Anhänger auch Heil versprachen. Nur: Diese machten zwar große Worte, in ihrem Alltagsleben konnte man jedoch von den himmlischen Versprechungen meist nur wenig spüren. Die Christen waren anders. Bei ihnen stimmten Glaube und Handeln überein – und sie ließen sich ihre Überzeugung notfalls auch etwas kosten. Die drückten mit ihrem Leben konsequent das aus, was sie glaubten. Nämlich dass Glaube, Liebe und Hoffnung das beste Fundament sind, um gut leben (und sterben) zu können. Ja, die verheißungsvolle Perspektive, nach dem Tod ganz bei Gott zu sein, entlastete ihr irdisches Leben so ungemein, dass sie mit einer fröhlichen Gelassenheit »über den Dingen« standen. Das Vertrauen auf den Himmel befreite das Diesseits von dem

Druck, sich andauernd selbst begründen und zufriedenstellen zu müssen.

Wer sein Lebensglück nicht allein auf irdisches Glück baute, der konnte getrost ethisch differenziert und verantwortungsvoll handeln. Insofern war auch die konsequente Lebenshaltung der frühen Christen ein Zeichen von Freiheit. Sie überwanden viele vorhandene Gesellschaftsstrukturen und wurden dadurch tatsächlich zu einem lebenden Zeugnis für ihre Botschaft. Diese faszinierende Ausstrahlung der frühen Gemeinden ist ganz offensichtlich das positive Gegenteil von dem, was die neuzeitliche Umfrage zur Wahrnehmung von Christinnen und Christen zu Beginn des 21. Jahrhunderts ergeben hat.

> Die Christen waren anders. Bei ihnen stimmten Glaube und Handeln überein – und sie ließen sich ihre Überzeugung notfalls auch etwas kosten.

Von den erstaunten Römern bekamen die Anhänger Jesu damals einen Spitznamen, der spöttisch gemeint war, aber letztlich ein unglaubliches Kompliment bedeutete: »Das sind die, die einander so lieb haben.« – »Schaut euch diese Jesus-Gemeinschaft an. Die sind immer so wahnsinnig nett zueinander. Mann, sind die weltfremd.« Auf mancher mondänen Senatorenorgie des 3. Jahrhunderts mag man darüber gespottet haben. Tatsache ist jedoch: In dieser Zeit erlebte das Christentum ein nicht aufzuhaltendes Wachstum. Und in den Regionen der Welt, in denen das Christentum seit einigen Jahren wieder enormen Zulauf hat (vor allem in Südamerika und Asien), ist es auch wieder dieses liebevolle Miteinander, das die Menschen begeistert. Und während die Kirchen in Europa angestrengt darüber nachdenken, mit welchen Managementmethoden, Konzepten, Modellen und theologischen Ansätzen die Gemeinden Profil gewinnen können (und sich darüber intern, aber auch in der Öffentlichkeit andauernd streiten), entdecken andere

Kulturkreise einfach das Wunder eines liebevollen Umgangs wieder.

Da stellt sich natürlich die spannende Frage: Was würde wohl mit unseren Gemeinden passieren, wenn sie aufs Neue Gemeinschaften wären, deren konsequentes, leidenschaftliches und liebevolles Miteinander und deren erkennbare Zuwendung zu den Herausforderungen der Gesellschaft so markant sind, dass Menschen hellhörig und weitsichtig fragen: »Augenblick mal! Was ist denn da los? So etwas habe ich ja noch nie erlebt. So freundlich kann man miteinander umgehen?« Diese Gemeinden würden anfangen, »Gefangene« zu befreien: aus Rollen, die das Leben verengen, aus schmerzvollen Erfahrungen, aus Heimatlosigkeit, aus überholten Daseinsmustern und gesellschaftlichen Normierungsversuchen.

Wahrscheinlich sind wir uns gar nicht bewusst, wie relevant solche Fragestellungen gerade im 21. Jahrhundert sind. Die Gesellschaft schliddert ja seit einigen Jahren in eine Zukunft, in der stabile und funktionierende Gemeinschaften wichtiger werden als je zuvor. Vereinsamung, Entwurzelung, Entfremdung, Kulturgrenzen, Milieuverengung und Bindungsangst sind nur einige der aktuellen soziologischen Schlagworte, die deutlich machen, dass der Wunsch vieler Menschen nach einer sozialen Beheimatung in den nächsten Jahren immens wachsen wird. In den meisten Großstädten hat die Zahl der Singlehaushalte die 50-Prozent-Marke schon lange überschritten. Wir sind davon überzeugt: Eine Gemeinde, die wirklich Lust auf Gemeinschaft macht, weil sie sich nicht über Wahrheiten, sondern über die Liebe definiert, wird sich vor dem Ansturm neuer Mitglieder gar nicht retten

> Von den erstaunten Römern bekamen die Anhänger Jesu einen Spitznamen, der spöttisch gemeint war, aber letztlich ein unglaubliches Kompliment bedeutete: »Das sind die, die einander so lieb haben.«

können. »Hier werde ich frei. Halleluja! Weil man mich – anders als sonst – nicht auf mein Geschlecht, meinen Status, meinen Nutzen, mein ›Funktionieren‹ oder bestimmte Charaktereigenschaften festlegt.« Christliche Gemeinden sollten aufgrund ihrer theologischen Daseinsberechtigung tatsächlich Orte werden, an denen Menschen ganz sie selbst sein können, weil dort die einzige prägende Aussage über ihr Leben lautet: »Du bist ein geliebtes Geschöpf Gottes.«

> Eine Gemeinde, die wirklich Lust auf Gemeinschaft macht, weil sie sich nicht über Wahrheiten, sondern über die Liebe definiert, wird sich vor dem Ansturm neuer Mitglieder gar nicht retten können.

In den ersten vier Jahrhunderten waren die christlichen Gemeinden dem Sozialgefüge, in dem sie lebten, mit ihrem Handeln kulturell weit voraus. Weil es ihnen gelang, Menschen in bislang unbekannte Freiheiten zu führen. Dann waren Kirche und Staat lange Zeit so sehr miteinander verzahnt, dass sie geistesgeschichtlich quasi als identisch wahrgenommen werden konnten – und seit der Neuzeit hinken die Kirchen in verschiedenster Weise der gesellschaftlichen Kultur hinterher. Sie machen Menschen heute oftmals nicht freier als die Gesellschaft, sondern (zumindest was die Formen der Gemeinschaft angeht) unfreier: Während ich im Fernsehen zwischen 40 Programmen wählen kann, gibt es in der Kirche in der Regel nur eins: den klassischen Gottesdienst. Während ich zu Hause gemütliche Couchgarnituren habe, muss ich in der Kirche auf unbequemen Bänken sitzen. Während ich mit meinen Freunden rede, wie mir der Schnabel gewachsen ist, muss ich bei den Christen eine eigene Sprache lernen. Während ich in Gemeinschaft meist entspannt und locker bin, herrscht in der Gemeinde oft eine merkwürdig unpersönliche Atmosphäre. Und während in den Medien jedes Thema kritisch diskutiert wird, gibt es bei den »Frommen« ganze Herden von heiligen Kühen, die man nicht einmal antasten darf. Und das soll Freiheit sein?

Natürlich stimmen all diese Feststellungen derart pauschal nicht. Wir kennen eine Reihe von sehr attraktiven, freiheitlichen und liebevollen Gemeinden und Gemeinschaften (übrigens aus den unterschiedlichsten Konfessionen). Aber im Großen und Ganzen werden die Christinnen und Christen in der Öffentlichkeit so wie eben beschrieben wahrgenommen – und diese Wahrnehmung gilt es ernst zu nehmen. Da, wo sie richtig ist, möchte unser Buch Mut machen, Unfreiheiten abzustreifen und dadurch die befreienden Aspekte der Gemeinschaft neu zu entdecken. Denn dass es im 21. Jahrhundert genügend Unfreiheiten gibt, die Menschen das Leben schwer machen, bezweifelt niemand. Hier könnten Gemeinden zeigen, was es bedeutet, Gottes Freiheiten dagegenzusetzen. Allerdings: Eine christliche Gemeinschaft, die ihre klassische, bildungsbürgerliche Klientel beispielsweise einlädt, ein milieuübergreifendes Miteinander anzustreben, wird schnell zu spüren bekommen, wie viel traditionalistische Besitzstandswahrung unsere Kirchen heute prägt.

> Dass es im 21. Jahrhundert genügend postmoderne Unfreiheiten gibt, die Menschen das Leben schwer machen, bezweifelt niemand. Hier könnten Gemeinden zeigen, was es bedeutet, Gottes Freiheiten dagegenzusetzen.

Die Tendenz vieler christlicher Gemeinden, von einer befreienden zu einer einengenden Gemeinschaft zu werden, hat vor allem eine unschöne Konsequenz: Glaubende, die auf die real existierende Kirche keine Lust mehr haben, entscheiden immer öfter, ihre Spiritualität lieber privat für sich im kleinen Kämmerlein auszuleben. Das jedoch wäre für Jesus eine völlig absurde Vorstellung gewesen. Dem Neuen Testament ist der Gedanke, jemand könne ohne Gemeinschaft glauben wollen, so fremd, dass sie ihn nicht einmal erwähnt. Die »Entscheidung«, sich durch Jesus befreien zu lassen, mündet nach neutestamentlichem Verständnis natürlicherweise in den Wunsch, diese Freiheit mit anderen zu teilen. Sie ist lebenszugewandt, weltzugewandt, menschenzugewandt und gemeinschaftsorientiert.

Mit dem Glauben ist es so wie mit einer Frau, die ein Kind bekommt: Sie will dieses Kind, dieses neugeschenkte Leben, allen zeigen, sie will sich mit Menschen darüber austauschen, sie will von anderen hören, worauf sie achten muss, und sie will vor allem, dass es ihrem Kind gut geht. Das Kind soll sich gesund entwickeln und gedeihen. Also geht die glückliche Mutter von Anfang an zu Leuten, die viel Erfahrung mit Kindern haben (Frauenarzt, Hebamme, Geburtsvorbereitungskurs, Kinderarzt, Großmutter, Leute mit gleichaltrigen Kindern und so weiter). Keine kluge Frau würde sagen: »Ach, ich bin schwanger. Von nun an mache ich alles allein. Ich brauche niemanden, weder bei der Geburt noch bei der Säuglingspflege, dem Stillen, der Erziehung oder der Gesundheit. Wenn mein Kind krank ist, kümmere ich mich allein darum. Und ich will auch nicht, dass mein Kind mit anderen spielt.« Ein solches (möglicherweise mit guter Absicht) vernachlässigtes Mädchen oder ein solcher Junge hätte nur wenige Überlebenschancen – und wäre mit großer Wahrscheinlichkeit ein seelischer Krüppel.

> Glauben kann letztlich nicht gelehrt, sondern nur vorgelebt werden.

Ähnlich ist das bei der Spiritualität. Sie braucht die Kommunikation, den Erfahrungs- und Gedankenaustausch, das Miteinander ganz unterschiedlicher Lebenshorizonte und Vorstellungen, wenn sie »groß und stark« werden soll. Und zwar aus einem ganz einfachen Hintergrund: Glauben kann letztlich nicht gelehrt, sondern nur vorgelebt werden. Für unser ganzes Leben gilt, dass wir das meiste nicht durch Einsicht, sondern durch Nachahmung lernen. Und darum brauchen Menschen gerade beim Glauben einen regen Austausch. Tragfähig, relevant, nachvollziehbar, ansteckend und fördernd werden theologische Aussagen erst, wenn man sie im Leben erfährt (dazu mehr im nächsten Kapitel). Darum geschieht die wirkliche Auslegung der Bibel auch nicht durch noch so intellektuelle gedankliche Auseinandersetzungen mit den Texten, sondern durch das Leben derjenigen, die sich von diesen Texten inspirieren lassen.

Wer nicht lernen will, sollte auch nicht missionieren.

»Ihr seid ein Brief Christi« (2. Kor. 3,3), schreibt Paulus und ergänzt: »Das Evangelium wird mit dem Herzen vermittelt, nicht mit aufgeschriebenen Ordnungen. Ihr seid ein Brief, der von allen Menschen gelesen wird.« Und dieses Lesen in den lebendigen Geschichten und Briefen der anderen, aber auch das selbstkritische »Sich-lesen-Lassen« gehört für die gesunde Entwicklung des Glaubens bis heute dazu.

Insofern gilt es, die Gemeinschaft auf einer doppelten Ebene neu als Quelle der Freiheit zu entdecken: Sie gestaltet im Idealfall einen Raum, in dem Unfreiheiten überwunden werden können – und ist zugleich der Ort, an dem durch das Miteinander der Glaube in der liebevollen Auseinandersetzung mit anderen Glaubenden wächst und gedeiht. Das setzt allerdings voraus, dass die Gemeinden diese Urkraft des Christlichen wieder entdecken wollen. Sie zieren sich natürlich, weil in einer dialogfähigen Gruppe durch jeden Teilnehmer andauernd neue Beiträge und Ansichten dazukommen, die alle Beteiligten und auch die Gesamtheit auffordern, sich mit ihnen auseinanderzusetzen, sich in Frage stellen zu lassen und den Horizont zu erweitern. Warum sich davor viele fürchten, haben wir ja bei den Motivationen der »Rettergestalten« gesehen. Deshalb kann man grundsätzlich sagen: Wer nicht lernen will, sollte auch nicht missionieren.

Der Gedanke der christlichen Gemeinschaft ist auch deshalb sehr befreiend, weil er vom Ursprung her weit über einzelne Gemeinden, Landeskirchen, Konfessionen oder Erdteile hinausgeht. Er hat als Ziel das weltweite Miteinander der Glaubenden und ist damit so etwas wie die ermutigende Aufforderung: »Entdecke, dass du Teil der Welt bist!« – »Löse dich vom ewigen Kreisen um deine manchmal so kleine Wirklichkeit und setze dich für ein gelingendes Miteinander ein, das die Welt verändert.«

> Eine Gemeinschaft, die einen kleinen Horizont hat und nicht über den Tellerrand schaut, wird in der Gesellschaft nichts verändern. Und wer nur sich selbst sieht, wird auch von der Welt irgendwann nicht mehr gesehen.

Die Perspektive gerade deutscher Gemeinden ist oft ungeheuer klein. Sie fragen sich in der Regel ausschließlich, was sie tun können, damit ihre begrenzte, überschaubare, eingeschworene Gruppe am Leben bleibt. Sie versuchen mit harten Bandagen, ihren Bestand zu sichern, und sind weder bereit, sich von anderen Gemeinschaften inspirieren zu lassen, noch über Zukunftskonzepte nachzudenken, die die Gemeindegrenzen überschreiten. Dabei gilt leider: Eine Gemeinschaft, die einen kleinen Horizont hat und nicht über den Tellerrand schaut, wird in der Gesellschaft nichts verändern. Und wer nur sich selbst sieht, wird auch von der Welt irgendwann nicht mehr gesehen. Bei Jesus dagegen gehörten Beheimatung und Aussendung, inneres und äußeres Handeln, immer zusammen. Menschen sollen wissen, wohin sie gehören, damit sie dann begeistert und gestärkt in die Welt hineinwirken können.

Warum ist das gerade für das 21. Jahrhundert so wichtig? Weil in einer Zeit der Globalisierung die Verengung des Blicks auf lokale Zusammenhänge der Realität einfach nicht mehr gerecht wird. Darum entscheidet sich die Frage nach der Zukunft des Christentums in seiner institutionalisierten Form auch daran, ob es in der Lage ist, seinen Grundwert der Gemeinschaft wieder so ansteckend vorzuleben, dass Menschen inspiriert und begeistert werden. Und das erfordert, dass sich das Christentum nicht einfach konfrontativ mit anderen Religionen »bekriegt«, konfessionelle Grabenkämpfe ausficht oder mit einem falschen Absolutheitsanspruch auftritt, sondern offen und profiliert nach einem friedlichen Miteinander strebt.

Die große Aufgabe, vor der die Menschheit in den nächsten Jahrzehnten steht, ist die, den »clash of civilisations«, also die Konfrontation der Kulturen, zu entschärfen. Das geht weder durch simples Multikulti, bei dem alle Ausdrucksformen und Werte beziehungslos und desinteressiert nebeneinanderstehen, noch durch die Verwestlichung aller Kulturen. Erfolgreich kann nur ein ernst gemeinter Dialog zwischen den Kulturen sein, der den anderen und die eigene Überzeugung so ernst nimmt, dass es zu einer produktiven und würdevollen Annäherung kommt.

> So, wie wir Deutschen sehr schlechte Erfahrungen mit der Vorstellung einer rassischen Überlegenheit gemacht haben, sollten wir endlich auch die Vorstellung einer religiösen Überlegenheit aufgeben.

Dabei darf man eines nicht vergessen: Die verschiedenen Konfessionen und Religionen sind letztlich auch kulturelle Zusammenhänge, ähnlich wie Nationen. Nicht umsonst sind die Grenzen der Religionen in der Geschichte der Menschheit oft deckungsgleich mit den Grenzen von Staaten gewesen. Statt Religionen und Konfessionen in wahr und falsch oder christlich und heidnisch einzuteilen, sollten wir sie einfach wie Nationen betrachten.

Es gibt keinen wahren Staat, es gibt auch keine »guten« und »bösen« Staaten, aber natürlich gibt es Unterschiede in der Ordnung eines Staatsgefüges und in der Mentalität der jeweiligen Bevölkerung. Es gibt Staaten, die besser funktionieren als andere, und es gibt Völker, die mehr Lebensfreude entwickeln als andere. So, wie wir Deutschen sehr schlechte Erfahrungen mit der Vorstellung einer rassischen Überlegenheit gemacht haben, sollten wir endlich auch die Vorstellung einer religiösen Überlegenheit aufgeben.

> Legitime Nachfolger Christi sind wir erst, wenn wir die konfessionellen Grenzen sprengen.

Auf jeden Fall scheint es sehr vermessen, eine Konfession oder Religion per se als »wahrer« hinzustellen. Das ist nicht nur arrogant und lieblos, weil es den anderen schon im Vorfeld als »minderwertig« einstuft, es ist auch unangebracht, weil diese Einstellung suggeriert, man könne nur mit Absolutheitsanspruch ein überzeugter Glaubender sein. Wieso denn? Ich kann doch Deutschland lieben und auch mit einem gewissen Stolz ein Deutscher sein, ohne deswegen Franzosen oder Vietnamesen zu verachten. Wer andere Menschen direkt oder indirekt »verachtet«, handelt auch deshalb unklug, weil er von der Kultur des anderen manches lernen könnte. Und das hat noch nie geschadet. So kann ich sehr wohl als evangelischer Christ mit meinen guten freikirchlichen Freunden in den Urlaub in die islamische Türkei fahren und dort an den historischen Stätten der Geschichte der katholischen Kirche nachspüren. Nur so werde ich überhaupt feststellen, ob, wie und warum mein christliches Glaubensverständnis für mich das richtige ist.

Insofern kann man getrost sagen: Legitime Nachfolger Christi sind wir erst, wenn wir die konfessionellen Grenzen sprengen. Das heißt nicht, dass wir die Konfessionen aufgeben müssen, aber wir sollten sie nicht als konträr (gegensätzlich) auffassen, sondern als komplementär (sich ergänzend). Wenn aus dem Gegeneinander der Konfessionen nach und nach ein vertrauensvolles Miteinander wird, dann sinkt nicht nur die Gefahr falscher Verengungen, es entsteht auch ein gegenseitiges Lernen, das allen zugutekommt.

Die überkonfessionelle Glaubensgemeinschaft ist auch aus noch einem ganz anderen Grund im Wesen des Christentums verankert: Jesus war kein Christ, sondern Jude. Er hat sich nie von seiner ursprünglichen Religion losgesagt und das auch nicht von seinen Jüngern verlangt. Erst Paulus hat – zwanzig Jahre später – erkannt, dass die befreiende Botschaft von Jesus weit über das Judentum hinausweist und für alle Menschen eine Bedeutung hat. Dafür können wir dankbar sein, selbstverständlich war das nämlich nicht. Das Christentum erlebte schon in den ersten Jahrzehnten starke Strömungen, die den Glauben an bestimmte rituelle Vorgaben koppeln und in Israel halten wollten. Viele Judenchristen waren zum Beispiel davon überzeugt, dass man nur als beschnittener Jude zur christlichen Gemeinschaft gehören dürfe. Andere forderten das Einhalten bestimmter jüdischer Speiseordnungen oder die Anbindung an den Tempel. Schon nach wenigen Jahren wurde so aus der befreienden Botschaft Jesu ein an Bedingungen geknüpftes Christentum.

Muss man wirklich erst Christ werden, um ein Nachfolger Jesu sein zu können?

Paulus wies all diese »Kulturchristen« darauf hin, dass der Glaube an Jesus allein genügt. Und so stellt sich heute erneut die ketzerisch anmutende Frage: Muss man wirklich erst Christ werden, um ein Nachfolger Jesu sein zu können? Was ein Christ ist, das hat ja nicht Jesus festgelegt, das ist heute einfach ein Sammelsurium zeitgeschichtlicher Traditionen. Jesus war es zum Beispiel nicht wichtig, seine Jünger zu taufen (er selbst taufte überhaupt nicht, vgl. Joh. 4,2) – aber viele Konfessionen betrachten die Taufe als notwendige Voraussetzung für die Mitgliedschaft oder gar das Christsein überhaupt. Doch die Gemeinschaft der Nachfolgerinnen und Nachfolger Jesu, die seine Freiheit erfahren hat und sie leben und weitergeben möchte, ist zum Glück größer als alle Konfessionen.

Freiheit 6 lautet: Du darfst von einer Gemeinschaft träumen, in der die Grenzen der Gesellschaft von der Liebe überwunden werden und in der du dich nicht mehr schützen musst. Diese Gemeinschaft ist größer als jede kirchliche Gruppe und verbindet die Glaubenden weltweit. Zu dieser Gemeinschaft bist du von Gott eingeladen. Darum fordere sie ein und gestalte sie zugleich tatkräftig mit.

Kein Wunder, dass Paulus im 1. Korintherbrief immer wieder darauf hinweist, dass die ewigen Streitereien zwischen verschiedenen christlichen Gruppierungen eine echte Katastrophe sind. Vor allem, weil sie zu Ausgrenzungen, Verurteilungen, Lieblosigkeit, Verletzungen und Hochmut führen. Auf welchen Ebenen so etwas ablaufen kann, zeigt dieser Text.

Zehn kleine Christen

Zehn kleine Christen, die wollten Brüder sein,
doch einer war nicht fromm genug,
da waren's nur noch neun.

Neun kleine Christen, die haben konform gedacht,
nur einer dachte anderes,
da waren's nur noch acht.

Acht kleine Christen, die sprachen viel vom Lieben,
der Schüchternste blieb unbeliebt,
da waren's nur noch sieben.

Sieben kleine Christen, die waren ganz perplex,
denn einer trieb es ehelos,
da waren's nur noch sechs.

Sechs kleine Christen, die haben auf Marx geschimpft,
doch dann las einer das »Kapital«,
da waren sie nur noch zu fünft.

Fünf kleine Christen, die tranken gerne Bier,
doch als dann einer Haschisch nahm,
da waren's nur noch vier.

Vier kleine Christen betrieben Heuchelei,
der eine hat das kritisiert,
da waren's nur noch drei.

Drei kleine Christen, die studierten Theologei,
der eine wurde liberal,
da waren's nur noch zwei.

Zwei kleine Christen, die wollten standhaft sein,
doch einer wurde radikal,
der andere blieb allein.

Ein kleiner Jünger begann jetzt zu verstehn,
er fing die neun zu lieben an,
da wurden's – ganz allmählich – wieder zehn.

Die drei Freiheiten des Fühlens

Ein weiser Satz lautet: »Der längste Weg der Welt sind die 40 Zentimeter vom Kopf bis zum Herzen.« Menschen wissen oft sehr genau, was ihnen guttäte, doch diese Informationen verlassen den Kopf nicht. Sie kreisen da als »richtig« erkannte Größen umher – und dabei bleibt es. Das Problem ist nur: Die bedeutendsten Erkenntnisse, Einsichten und Erklärungen sind wertlos, wenn sie uns nicht so ergreifen, dass sich daraus erfahrbare Konsequenzen für unser Leben ergeben. Wenn ich im Kopf weiß, dass Rauchen ungesund ist, und trotzdem rauche, kann das natürlich eine bewusste Willensentscheidung sein (»Lieber kurz und intensiv als lang und langweilig!«), in den meisten Fällen ist es aber Verdrängung. Wir lassen nicht zu, dass das Wissen unser Herz erreicht, weil sonst eine Veränderung anstünde.

»Der längste Weg der Welt sind die 40 Zentimeter vom Kopf bis zum Herzen.«

Beim Glauben ist das nicht anders. Immer wieder ist Jesus Christus bei Umfragen nach den größten Persönlichkeiten der Weltgeschichte auf Platz eins gewählt worden. Eine deutliche Mehrheit der Deutschen sagt sogar: »Jesus ist für mich ein Vorbild.« Doch wenn man nachfragt, wo und wie die Leute ihrem »wichtigsten Vorbild« denn nacheifern, wird schnell deutlich, dass unser Denken auf unser Handeln oft wenig Einfluss hat.

Ähnliches gilt für die Auseinandersetzung mit Gott. Selbst viele der Kirche fernstehende Personen glauben ja, dass es so etwas wie eine »überirdische Kraft«, eine »göttliche Macht« oder eine »lenkende Größe« gibt. Das führt aber nicht unbedingt dazu, dass sie anfangen würden, mit dieser Kraft Kontakt aufzunehmen. Dabei könnte man doch erwarten: »Wenn ich ernsthaft glaube, dass es Gott gibt, dann sollte mein erstes Interesse darin bestehen, zu erfahren, wie er ist, was es mit ihm auf sich hat und wie ich ihm begegnen kann.« Dem ist aber nicht so. Viele Leute »glauben« ganz allgemein, dass es Gott gibt. Das genügt ihnen.

Wenn wir hier vom Fühlen und von der Dimension des Herzens reden, dann geht es also nicht nur um Emotionen und gute Gefühle, sondern um eine Spiritualität, die den Körper, die Seele, die Sinne und das Erleben in einem ganzheitlichen Sinne einschließt, um einen lebendigen Glauben, der die Enge der reinen Vernunft verlässt und die Freiheit der Erfahrung neu entdeckt. Dabei gilt, was der klinische Psychologe Daniel Goleman in seinem Weltbestseller »Emotionale Intelligenz« sehr markant (wenn auch nicht besonders feinfühlig) formuliert hat: »Was nützt ein hoher IQ, wenn man ein emotionaler Trottel ist?« Für uns heißt das: »Was nützt das korrekteste Glaubensverständnis, wenn daraus keine Freiheit erwächst, die sich in konkreten Erfahrungen, sinnlicher Freude und tragfähiger Geborgenheit ausdrückt?« Goleman jedenfalls ist der festen Überzeugung, dass das beste Verstehen versagt, wenn man kein intaktes Gefühlsleben hat.

> Wenn wir hier vom Fühlen und von der Dimension des Herzens reden, dann geht es um einen lebendigen Glauben, der die Enge der reinen Vernunft verlässt und die Freiheit der Erfahrung neu entdeckt.

In den Kirchen tut man sich mit Gefühlen seit Längerem schwer. Immer wieder wird betont, dass Gottesdienste »nicht zum Wohlfühlen« da wären und dass Glauben etwas sehr Ernstes sei. Es herrscht eine große Angst davor, die Würde und die Größe Gottes durch allzu gefühlsbetonte Formen zu verletzen. Das ist letztlich ein Erbe der Reformation. Die klare

Orientierung am Wort der Bibel war bei Martin Luther damals ein riesiger Fortschritt gewesen, weil sie die Beliebigkeit und Verweltlichung früherer Frömmigkeitsformen überwunden hatte. Sie führte aber zugleich dazu, dass man über Gott heutzutage zwar viel redet, die sinnliche Erfahrung aber immer mehr in den Hintergrund drängt.

Luther erlebte übrigens selbst, wie schwierig es ist, ein gesundes Verhältnis von Glauben und Gefühlen zu entwickeln. Einerseits rief er die »Bilderstürmer« zurück, die alle sinnlichen Elemente aus den Kirchen entfernen wollten, andererseits bekämpfte er »Schwärmer«, die mit ihren »Eingebungen« jede noch so seltsame Theologie rechtfertigen wollten.

Entscheidend ist: Kopf und Herz darf man nicht gegeneinander ausspielen. Kopfglauben ohne Herz erstarrt, Herzglauben ohne Kopf verliert sich leicht. Wohltemperierter Glaube hat beides: ein Standbein (Verstand) und ein Spielbein (Erleben). In den folgenden Kapiteln geht es darum, das Tanzen neu zu lernen.

Kopf und Herz darf man nicht gegeneinander ausspielen. Kopfglauben ohne Herz erstarrt, Herzglauben ohne Kopf verliert sich leicht. Wohltemperierter Glaube hat beides: ein Standbein (Verstand) und ein Spielbein (Erleben).

7. Aus Erfahrung wird man fromm

Wie Glaube zu einem faszinierenden Erlebnis wird

Eines darf man nie vergessen: Erfahrung ist und bleibt die Quelle allen Wissens und allen Glaubens. Das Wort »Erfahrung« wird von dem althochdeutschen Stamm »irfaran« abgeleitet und bedeutet »reisen, kennenlernen, durchmachen«. Das heißt: Da, wo Menschen etwas erleben, etwas »durchmachen«, versuchen sie, Kategorien zu finden, um ihre Erfahrungen zu deuten und zu verstehen. So entsteht Erkenntnis. Übrigens nicht nur im Glauben. Auch in der Naturwissenschaft sind alle Sätze, Formeln und Regeln ohne experimentelle Bestätigung sinnlos. Wenn ein Physiker die Welt sorgfältig beobachtet, dann stellt er fest, dass der Energieerhaltungssatz stimmt. Es wäre irreal und unproduktiv, an einen Energieerhaltungssatz einfach zu glauben: »Ich glaube, dass Energie nicht verloren geht, sondern immer nur umgewandelt wird.« Ja und? Nur wenn diese Erkenntnis überprüfbar ist und ihrerseits zu bewussterem Erleben führt, hat sie Bedeutung.

> Erfahrung ist und bleibt die Quelle allen Wissens und allen Glaubens.

In der Christenheit ist das Erleben als Ursprung und Ziel des Glaubens im Laufe der Jahrhunderte leider immer mehr in den Hintergrund getreten. Während im Neuen Testament die meisten Predigten von der Leidenschaft einer persönlich von Gott berührten Person gespeist waren (»Hier habe ich Wunderbares mit Gott erfahren.«) und darauf zielten, dass andere ebenfalls diese Erfahrung machten, wird heute von den Kanzeln eher gelehrt, was theologisch richtig ist (»So und nicht anders muss man Gott verstehen.«). Diese Entwicklung – weg vom Erleben, hin zum Anerkennen – prägt natürlich auch die Gemeinden: Viele Menschen scheuen sich inzwischen davor, von ihren persönlichen Glaubenserfahrungen zu erzählen. Ja, wenn jemand zu Beginn des 21. Jahrhunderts in der Öffentlichkeit berichtet, dass Gott etwas konkret in seinem Leben bewirkt hat, wird er in der Regel spöttisch belächelt. Selbst in den Gemeinden ist es nicht mehr üblich, dass Leute freimütig und begeistert über persönliche Glaubenserfahrungen sprechen. Die geistliche »Sprachlosigkeit« hat aber mehrere Folgen:

Erstens nimmt in vielen Kreisen die Konzentration auf zu glaubende dogmatische Aussagen noch weiter zu: »Entscheidend ist, dass du dies oder jenes glaubst, nicht, dass du es erlebst.« Dadurch kann es dann auch passieren, dass Menschen mit verbissenen Gesichtern und verkrampfter Körperhaltung durch zusammengepresste Lippen zischen: »Glaube macht frei. Basta!« Die Richtigkeit des Glaubens hängt auf einmal nicht mehr davon ab, ob das Verheißene eintritt und ob es sich im Alltag bewährt, sondern ob es als Botschaft grundsätzlich für wahr gehalten wird. Dass Gott gut ist, wird entscheidender als die Frage, ob er mir gut tut. Dass Gott allmächtig handelt, wird bedeutender als die Folgen seiner Macht für mein Leben. Und die Erkenntnis der Gnade wird in den meisten Gemeinden wesentlich höher gehalten als die Praxis der Gnade. (»Wir alle brauchen Gnade – aber wehe, du machst einen Fehler.«) Diese Einstellung findet sich keineswegs nur in den – oft zu Unrecht – als »fundamentalistisch« etikettierten Freikirchen. Auch in den »liberalen« Großkirchen ist es vielen Kirchenleitungen und Gemeindegremien weitaus wichtiger, dass ein bestimmtes Gewand getragen und der liturgische Ablauf eingehalten wird, als dass dort etwas von einer

> Selbst in den Gemeinden ist es nicht mehr üblich, dass Leute freimütig und begeistert über persönliche Glaubenserfahrungen sprechen.

leidenschaftlichen, persönlichen Freude über die Inhalte des Evangeliums sichtbar wird.

Zweitens führt die Furcht vor zu emotionalen Ausdrucksformen zu einer kleineren Erwartungshaltung. In Kreisen, die nicht intensiv kommunizieren, dass Gott erfahrbar ist, schrauben die Menschen natürlich auch ihre Hoffnungen auf Gottes Handeln immer weiter runter. Wir würden gern wissen, wie viele Gottesdienstbesucher heutzutage überhaupt noch ernsthaft damit rechnen, dass Gott ihnen an diesem Tag in dieser Feier persönlich begegnen will und etwas in ihrem Leben verändern kann. Diese Frage ist aber wegweisend, weil man einem Gottesdienst abspürt, ob dort Glaubende zusammenkommen, die das Wirken Gottes erwarten – oder ob dort ein Ritual zelebriert wird, das seit Langem einen Selbstzweck erfüllt. Tatsache ist jedenfalls, dass ein großer Teil der kirchlichen Angebote das persönliche Erleben weder fördern noch überhaupt im Blick haben – und dass die meisten Leitungsgremien deutlich mehr danach fragen, was die Menschen alles tun müssen, um die Kirche zu erneuern, als danach, was Gott wohl tun kann. (Zum Glück gibt es seit einigen Jahren eine Gegenbewegung, in der wieder nach neuen alten Formen gesucht wird, bei denen Glaubenserfahrungen im Mittelpunkt stehen: Segnungsgottesdienste, Einkehrtage und anderes.)

> In Kreisen, die nicht intensiv kommunizieren, dass Gott erfahrbar ist, schrauben die Menschen ihre Hoffnungen auf Gottes Handeln immer weiter runter.

Drittens verlieren die Kirchen ohne den Erfahrungshorizont ihre Anschlussfähigkeit an die Gesellschaft. Eines der markantesten Kennzeichen der Postmoderne ist ja, dass Menschen sich nicht mehr einfach »das Blaue vom Himmel« erzählen lassen wollen – sei es noch so logisch oder autoritär vorgetragen. Sie wollen, dass sich das als »wahr Verkündete« in ihrem Leben als »wahr erweist«. Darum lautet der Leitspruch der jüngeren Generationen: »Wahr ist, was wirkt.« Mit großen Versprechungen für das Diesseits oder das Jenseits ist heute niemand mehr zu ködern. Gott sei Dank. Das bedeutet: Wenn Neugierige den Glauben nicht als eine befreiende Erfahrung erleben, wollen sie auch von einer noch so schönen »Theorie der Freiheit« nichts wissen. Früher ging man davon aus, dass jemand, der fromm wird, irgendwann auch geistliche Erfahrungen macht. Heute gilt eher: Wenn jemand gute Erfahrungen mit Gott macht, wird er fromm.

Wir möchten unsere Leserinnen und Leser anregen, sich mit dem Erleben Gottes intensiv zu beschäftigen und die Kraft, die aus dem Glauben kommt, für sich und andere nutzbar zu machen. Dabei ist es ungeheuer befreiend, dass Jesus selbst immer wieder zu diesem Erleben aufruft. Wenn er in der Bergpredigt sagt: »Bittet, so wird euch gegeben; suchet, so werdet ihr finden; klopfet an, so wird euch aufgetan. Denn wer bittet, der empfängt; und wer da sucht, der findet; und wer da anklopft, dem wird aufgetan« (Mt. 7, 12-13), dann ist das eine eindringliche Aufforderung, auf Gottes Handeln zu bauen: »Wagt es. Ganz konkret. Und ihr werdet erleben, dass Gott reagiert.«

> Früher ging man davon aus, dass jemand, der fromm wird, irgendwann auch geistliche Erfahrungen macht. Heute gilt eher: Wenn jemand gute Erfahrungen mit Gott macht, wird er fromm.

Erstaunlich ist, dass Jesus hier und an anderen Stellen mehrfach andeutet, dass es ohne einen eigenen Beitrag der Menschen, nämlich ihr Wollen, nicht geht. Es bedarf sozusagen eines ersten Impulses unsererseits, etwa so, als wäre Gott ein echter Gentleman, der sich nicht aufdrängen möchte, aber sofort reagiert, wenn er Interesse spürt. Insofern könnte man die Sätze Jesu auch einfach umdrehen: »Wer nichts sucht, der wird auch nichts finden.« Bisweilen bekommt man leider den Eindruck, dass viele Christinnen und Christen gar nichts mehr suchen (vielleicht weil sie alles schon zu wissen meinen) und eben deshalb auch nichts mehr finden. Wer an keine Tür klopft, braucht sich nicht zu wundern, wenn sich keine auftut. Ein alter Witz macht das sehr schön deutlich: Ein Mann betet leidenschaftlich zu Gott. »Bitte lass mich einmal im Lotto gewinnen.« Nichts passiert. Trotzdem betet der Mann voller Inbrunst weiter, über Jahre hinweg. Und dann, nach zehn Jahren, steht plötzlich ein Engel in seiner Tür und sagt: »Gib uns eine Chance, kauf dir endlich mal ein Los!«

Das Erleben-Wollen setzt Vertrauen voraus; Vertrauen darauf, dass Gott reagieren wird, dass es sich lohnt, ihn zu suchen, dass er Interesse an den Menschen hat und dass das Erleben im Glauben von ihm selbst gefördert wird. Zu diesem Vertrauen kommt aber auch ein Stück Wagemut, die Bereitschaft, Gottes Handeln auch zuzulassen. Manche Menschen richten sich irgendwann eine private Sicherheitszone ein und warten in ihrem Privatbunker dann vergeblich auf große Gotteserfahrungen. Ja, gerade weil vieles in dieser Zone so schön bequem ist, wissen diese Leute dann oftmals ganz genau, was Gott nun bitte schön zu tun und zu lassen habe. Das aber ist kein Vertrauen, sondern verwandelt Gott in eine Art »Wunscherfüllungsmaschine«: »Ich habe alles für mich geregelt, schenk mir doch bitte noch dies und jenes dazu.«

> Wir dürfen von Gott Großes erwarten, sollten aber den Weg ihm überlassen.

Das bedeutet: Wir dürfen von Gott Großes erwarten, sollten aber den Weg ihm überlassen. Und wie bei der ethischen Verantwortung gibt es auch dabei die Herausforderung, nach den größeren Zusammenhängen zu fragen. Wir sind davon überzeugt, dass Gott reagiert, wenn es um unsere Ängste, Sehnsüchte, Nöte und Bedürfnisse geht, dass er aber sehr wohl schaut, ob das von Jesus versprochene »Leben in Fülle« wirklich von den Faktoren abhängt, die wir dafür verantwortlich machen. Menschen erfahren Erfüllung da, wo sie selbst zu einem Segen werden, weil sie etwas in der Welt zum Positiven verändern. Die schöne Aussage »Glauben kann Berge versetzen« (Mt. 17,20) ist deshalb kein spirituelles Handwerkszeug für Landschaftsgärtner, sondern Jesu Zuspruch, dass dort, wo Menschen aus der Motivation ihres Glaubens (für die Liebe und die Freiheit) eintreten, mit Gottes Hilfe Dinge möglich sind, die unsere Vorstellungskraft bei Weitem überschreiten.

Bisweilen bekommt man leider den Eindruck, dass viele Christinnen und Christen gar nichts mehr suchen (vielleicht weil sie alles schon zu wissen meinen) und eben deshalb auch nichts mehr finden.

Wie Glauben und Erfahrung zusammenhängen, kann man sehr schön an einer Geschichte über den Jünger Petrus sehen, die im Matthäusevangelium in Kapitel 14 berichtet wird: Während eines schweren Sturms gerät das Boot der Jüngerschar auf dem See Genezareth in Seenot. Da der Wind die Männer vom Ufer wegtrieb und damals selbst Fischer in der Regel nicht schwimmen konnten, war das tatsächlich ein existenziell bedrohlicher Moment. Und in dieser Situation kommt Jesus auf dem Wasser zu seinen Freunden gelaufen.

Was war die erste Reaktion der Jünger? Ganz einfach: »Das kann nicht sein. Das ist wahrscheinlich ein Gespenst. Es ist nicht möglich, auf dem Wasser zu laufen.« Obwohl die Jünger schon längere Zeit mit Jesus unterwegs waren, ist ihr Denken nicht so »gläubig«, dass sie bereit wären, etwas zu glauben, was ihren Horizont derart überschreitet.

Jesus beruhigt die Männer: »Keine Angst. Ich bin es.« Doch Petrus reicht diese Aussage nicht. Deshalb sagt er: »Ach, wenn du wirklich Jesus bist, dann fordere mich auf, zu dir aufs Wasser zu kommen.« Das ist die richtige Einstellung für das Erleben des Glaubens. Petrus ist ein echter Praktiker. Das große Vorbild Jesu: »Ich kann auf dem Wasser laufen«, bleibt für ihn hohl und nichtssagend, wenn es nicht in seinem eigenen Leben erfahrbar wird: »Gott kann Menschen auf dem Wasser gehen lassen? Als Glaubensaussage ist das schön. Ich will aber wissen, ob es stimmt.« Verrückt ist dabei: Wäre Petrus nicht über die Reling gestiegen – aus Angst, Bequemlichkeit, Desinteresse oder Gewohnheit –, hätte er nie erfahren, ob sein Glaube ihn trägt oder nicht. Was er übrigens in dieser Situation nicht tut.

Petrus sagt: »Ach, wenn du wirklich Jesus bist, dann fordere mich auf, zu dir aufs Wasser zu kommen.« Das ist die richtige Einstellung für das Erleben des Glaubens.

Der Jünger läuft einige Schritte, dann kehrt seine Angst zurück. Und schon beginnt er zu sinken. Verzweifelt fleht er zu Jesus: »Herr, hilf mir!« Jesus streckt Petrus die Hand entgegen, zieht ihn heraus und sagt: »Du Kleingläubiger, warum hast du gezweifelt?«

Der Jünger hat sein Leben in die Hand Jesu gegeben. Das war leichtsinnig. Natürlich. Aber es spiegelt eine Geisteshaltung wider, die den Glaubenden heute oft fehlt: das Vertrauen auf die Kraft Gottes, die gerade da erfahrbar wird, wo unsere Kräfte an ihre Grenzen kommen. Die Freiheit des Glaubens besteht auch und gerade darin, dass Menschen ihre eingeübten und ritualisierten Lebensräume und -konzepte verlassen und sich auf Herausforderungen einlassen, deren Ausgang nicht in ihrer Hand liegt.

Christliche Gemeinschaften können und sollten Erfahrungsräume öffnen, in denen lebendige Spiritualität, die Gegenwart Gottes und die grenzensprengende Kraft der Liebe real erfahrbar sind. Doch das gelingt nur da, wo zwischen Verkündigung und Lebensvollzug keine Grenzen existieren, wo also die Inhalte des Glaubens zu konkreten, befreienden Erlebnissen werden. Veranstaltungen, in denen Menschen nicht nur den Segen zugesprochen bekommen, sondern sich am Ende wahrhaftig gesegnet fühlen, sind die postmoderne Herausforderung an die Kirche.

Ein Gottesdienst dagegen, in dem alle Besucherinnen und Besucher wie die Moleküle in einem idealen Gas möglichst weit voneinander entfernt in den Bänken sitzen und beim Orgelnachspiel eilig nach Hause gehen, ohne mit jemandem persönlich zu reden, straft jede Predigt über die Bedeutung von Gemeinschaft Lügen. In diesem Sinn wird auch ein Lied zu einer Perversion, wenn fünfzig Leute den Text »In dir ist Freude« mit niedergeschlagenen Augen und kraftloser Stimme singen. Und es bleibt irgendwie verräterisch, wenn eine Pfarrerin über die Bedeutung des Teilens, des Spendens und des Helfens redet – und die Kollekte für die Aidshilfe am Ende 13,45 Euro ergibt.

> Die Freiheit des Glaubens besteht auch und gerade darin, dass Menschen ihre eingeübten und ritualisierten Lebensräume und -konzepte verlassen und sich auf Herausforderungen einlassen, deren Ausgang nicht in ihrer Hand liegt.

Im Grunde müsste man den Begriff »Kirche« neu definieren: Kirche ist da, wo die Gemeinschaft der Glaubenden Gottes Gegenwart erfährt und feiert. (Das ist nicht wirklich neu, es wird nur zu selten so wahrgenommen.) Schließlich sagt Jesus sehr bewusst: »Wo zwei oder drei in meinem Namen beisammen sind, da bin ich mitten unter ihnen.« (Mt. 18,20) Dieses »in meinem Namen« meint dabei nicht einfach nur ein institutionelles Etikett, sondern das reale Bewusstsein: »Dieser Jesus ist jetzt hier und will, dass wir seine Gegenwart erfahren.«

Es gibt also ganz verschiedene Gründe dafür, dass Menschen in ihrem Glauben nur wenige Erfahrungen machen. Einerseits empfinden viele Gemeinden nur eine geringe Hochachtung gegenüber persönlichen Erfahrungen und schaffen daher auch keinen Raum, um sich darüber auszutauschen, andererseits ist es manchen Glaubenden immer auch ein wenig peinlich, wenn sie gerade gar keine »heiligen Momente« erleben. Dazu kommt: Wir geben ungern die Kontrolle über unser Leben so weit aus der Hand, dass überhaupt Platz für ungewöhnliche Erfahrungen wäre. Ja, bisweilen scheint es sogar, als seien einige Menschen ganz froh, dass Gott sich in ihrem Leben nicht so eindeutig zu Wort meldet.

Dazu kommt, dass Spiritualität erstaunlicherweise selbst für viele der Suchenden, die sich nach geistlichen Erfahrungen sehnen, in einen abgetrennten Bereich gehört: »Fromm ist man am Sonntag in der Kirche.« Der Glauben dieser Leute bindet sich sehr stark an sakrale Räume oder bestimmte Formen: »Ich brauche einen heiligen Ort.« Eine solche Einstellung ist religionsgeschichtlich sogar verständlich, schließlich gehört es zum jüdischen Erbe des Christentums, dass Menschen Gott gerne in einer Bundeslade oder im Tempel festsetzen würden. Wir möchten entscheiden, wo Gott wohnt, damit wir uns darauf verlassen können, dass er auch da ist. Abgesehen davon, dass das der Freiheit Gottes zutiefst widerspricht, führt dieses Denken dazu, dass wir die gelebte Spiritualität mehr und mehr aus dem Alltag entfernen.

> Kirche ist da, wo die Gemeinschaft der Glaubenden Gottes Gegenwart erfährt und feiert.

Befreiender Glaube ist nicht an bestimmte Orte und Zeiten gebunden. Er durchdringt den Alltag und prägt das ganze Lebensgefühl. Der Apostel Paulus formuliert das so: »Liebe Geschwister. Gott ist unendlich liebevoll zu uns. Darum ermutige ich euch: Schenkt ihm euer ganzes Leben. Seid so begeistert und voller Hingabe, dass es Gott gefällt. Denn das ist wirklich Gottesdienst.« (Röm. 12,1) Wenn das, was die Gottesdienste ursprünglich abbilden wollten, in der Lebenswirklichkeit verloren geht, verlieren auch die Gottesdienste ihre Daseinsberechtigung. Sie sollen ein gemeinsames Fest dessen sein, was im Alltag der Menschen geschieht. Bevor die Spiritualität der Glaubenden zwischen Orgelvor- und -nachspiel gepresst wurde, war dem ja auch so. Insofern kann man den Gottesdienst auch ein Stück als Richtschnur des ursprünglichen Erfahrungshorizontes nehmen. Schauen wir uns das einmal an.

> Befreiender Glaube ist nicht an bestimmte Orte und Zeiten gebunden. Er durchdringt den Alltag und prägt das ganze Lebensgefühl.

Die meisten Gottesdienste beginnen mit einem sogenannten »Sündenbekenntnis«. Das klingt gruselig und der Medienpfarrer Jürgen Fliege hat einmal äußerst markig festgestellt: »Kaum ist man da, bekommt man gesagt, dass man ein Arschloch ist.« Es ist traurig, dass manche Leute das so empfinden. Gedacht war es nämlich völlig anders. Es geht bei diesem liturgischen Element zuallererst um Entlastung. Man kann all das, was einen belastet (Sorgen, Probleme, Fragen, Ängste, Nöte und Unsicherheiten) an Gott abtreten. Eigentlich ein wunderschöner Brauch. Aber: Warum macht man das nur am Sonntag? Eine der intensivsten Glaubenserfahrungen besteht doch darin, dass jemand sagen kann: »Ich habe meinen Lebensschutt bei Gott abgeladen. Und jetzt fühle ich mich besser und freier.« In diesem Zusammenhang sehen wir übrigens den Unterschied zwischen »Müssen« und »Dürfen« sehr schön: Auch die Beichte ist ein sehr sinnvolles und hilfreiches Instrument, weil Menschen »klar Schiff« machen und ihre seelischen Missstände loswerden können. Als die Beichte aber zu einer Zwangsveranstaltung gemacht wurde, wirkte sie für die meisten Glaubenden eher bedrohlich. Ärzte und Psychologen wissen seit Langem, dass man einem Alkoholiker nur dann helfen kann, wenn der das wirklich will. Im Glauben ist das nicht viel anders: Man kann Seelenreinigung nicht erzwingen.

Ein zweites im Gottesdienst entfremdetes Element ist das Lob. Ein Lob ist nur dann sinnvoll, wenn es ehrlich gemeint ist und keine Pflichtübung. Es ist doch nicht so, dass über den Wolken ein geltungssüchtiger Weltenherrscher thront, der von seinen Untertanen Huldigungen einfordert. Nein, wenn Christinnen und Christen Gott loben, dann tun sie es hoffentlich aus Begeisterung. Außerdem bestärken sie sich gegenseitig in Empfindungen wie Dankbarkeit, Hoffnung und Vertrauen. Das klingt vielleicht ein wenig fromm, meint aber vor allem das begeisterte Wahrnehmen der Gegenwart Gottes. Ein Mensch, der sich immer wieder vor Augen hält: »Gott ist jetzt bei mir und will mir guttun«, wird nicht nur anders leben, sondern mit etwas Übung auch die Fingerabdrücke Gottes auf all seinen Lebensbereichen finden. Das trifft übrigens auch auf den Umgang mit der Bibel zu. Jesus hat einmal den klugen Satz gesagt: »Der Mensch lebt nicht vom Brot allein, sondern von jedem Wort, das aus dem Munde Gottes kommt.« (Mt. 4,4) Wenn es stimmt, dass das Alte und das Neue Testament voll sind mit anregenden Erfahrungsberichten von dem, was Gott gesagt und getan hat, dann passt es nicht so recht, wenn Glaubende sagen: »Ja, ab und an, sonntags, wenn überhaupt, schau ich mal in die Bibel.« Das ist so, als würde jemand forsch behaupten: »Mir reicht es, einmal in der Woche zu essen.«

> Eine der intensivsten Glaubenserfahrungen besteht doch darin, dass jemand sagen kann: »Ich habe meinen Lebensschutt bei Gott abgeladen. Und jetzt fühle ich mich besser und freier.«

Besonders deutlich wird die Notwendigkeit des Erfahrungsbezugs beim Gebet und beim Segen. Jemand, der zwar im Gottesdienst stellvertretend für sich beten lässt (»Das soll der Pfarrer machen, der hat das schließlich studiert.«), selbst aber keine Gebetspraxis hat, braucht sich nicht zu wundern, wenn er keine Gebetserhörungen erlebt. Dagegen bringt jemand, der intensiv für sich und für andere betet, Gott in das eigene und in das Leben seiner Mitmenschen hinein und entdeckt meist sehr schnell, welche Kraft darin liegt. Und stellen wir uns doch mal ganz konkret vor, wie das wäre, wenn es in Deutschland üblich wäre, einander im Alltag mit Bewusstsein zu segnen: »Gott segne dich!« Eigentlich tun wir das andauernd, denn der flotte Abschiedsgruß »Tschüss« stammt aus dem Niederdeutschen und wurde von spanischen Seeleuten übernommen: »A dios!« Das heißt »zu Gott« oder »Gott befohlen« und ist der Segenswunsch: »Gott mit dir.« Wir sind der festen Überzeugung: Wer die Gegenwart Gottes regelmäßig zugesprochen bekommt, wird sie auch erfahren. Das funktioniert allerdings dann am besten, wenn der Alltag einen gottesdienstlichen Charakter hat, wenn das Leben in der bewusst wahrgenommenen Gegenwart Gottes gefeiert wird.

> Es passt nicht so recht, wenn Glaubende sagen: »Ja, ab und an, sonntags, wenn überhaupt, schau ich mal in die Bibel.« Das ist so, als würde jemand forsch behaupten: »Mir reicht es, einmal in der Woche zu essen.«

Bevor es zu Missverständnissen kommt, sei hier eines noch angefügt: Es geht uns nicht um andauernde »Halleluja-Gefühle«. Die sind weder immer sinnvoll noch immer ehrlich. Erstens gibt es im Leben jedes Glaubenden Momente, in denen es wenig Grund zum Jubeln gibt, und zweitens sind Menschen natürlich verschieden. Manche sind sehr emotional, andere eher rational. Beide Typen haben ihre eigenen Formen und Wege, um Gott zu erfahren, und das ist gut so. Ja, man kann

> Wir sind der festen Überzeugung: Wer die Gegenwart Gottes regelmäßig zugesprochen bekommt, wird sie auch erfahren.

wahrscheinlich sogar sagen, dass manche Menschen Gott gerade deshalb nicht erfahren, weil sie andauernd erwarten, dass ihnen bombastische Wunder zustoßen, bei denen ihnen »Hören und Sehen vergeht«. Unsere Erfahrung ist jedoch völlig anders: Da, wo Gott wirkt, vergeht einem weder das Hören noch das Sehen, es fängt erst richtig an. Man nimmt die Welt plötzlich mit anderen Augen wahr und wird freier. Und das ist tatsächlich göttlich.

Freiheit 7 lautet: Du darfst von Gott Großes erwarten – lebensverändernde Erfahrungen, die aus dem Glaubenswissen eine alltagstaugliche Spiritualität machen. Fordere den Erlebnishorizont von anderen Christinnen und Christen ein, frage sie danach, wage es aber auch, Gott selbst an die von ihm zugesagte Erfahrbarkeit zu erinnern. An den Erfahrungen der Menschen wirst du erkennen, ob ihr Glaube trägt.

Wie das konkret aussehen kann mit dem Erleben des Glaubens, erzählt diese altfranzösische Legende, die uns seit Langem begeistert, weil sie spirituelle Tiefe und körperlich erfahrbare Freude miteinander verbindet – und zwar so, dass andere von dieser Begeisterung angesteckt werden. Warum genieren sich heute eigentlich so viele Leute davor, ihren Glauben leidenschaftlich auszudrücken?

Der Gaukler

Er steht vor dem dunklen Klostertor,
seine Geige in der Hand.
Müde von der Wanderschaft
all die Jahre durch das Land.
Und er träumt von sanfter Ruhe
in dem großen, kühlen Bau.
Doch dann sieht er seine Schuhe
und er erinnert sich genau:
Er war der größte Gaukler
in jedem bunten Saal.
Und da zuckt es und er denkt sich:
»Noch ein allerletztes Mal!«

Und er tanzt und springt, so wild er kann,
bis es ihm den Atem raubt.
Und wer ihn sieht, fängt zu lachen an,
wenn er sich gen Himmel schraubt.
Ja, er tanzt mit Leib und Seele,
alles, was in ihm erklingt,
bis der Glanz in seinen Augen
von der Lust am Leben singt.

Mit vielen Brüdern steht er dann
ganz still im Chorgestühl.
Das ist so fremd und leise,
so ein seltsames Gefühl.
»Die alle sind so nah bei Gott,
nur auf mir liegt ein Bann.
Ich bin die Kutte gar nicht wert,
weil ich nicht beten kann.«
Doch als er abends ganz allein
noch in der Bank ausharrt,
durchzuckt es ihn: »Ich lobe Gott
jetzt mal auf meine Art.«

Und er tanzt und springt …

Ein Mönch hat heimlich zugesehn
und sie holen ihn zum Abt.
Der alte Gaukler schämt sich,
denn er fühlt sich ja ertappt.
Er fällt voll Demut auf die Knie:
»Meine Schuld ist fürchterlich.«
Der Pater aber küsst ihn:
»Bitte, bete du für mich!
Wo ich nur leere Worte hab,
da tanzt dein Herz voll Kraft.
Komm zeig es uns, wir brauchen
alle diese Leidenschaft.«

Und er tanzt und springt, so wild er kann,
bis es ihm den Atem raubt.
Und wer ihn sieht, fängt zu loben an,
wenn er sich gen Himmel schraubt.
Ja, er tanzt mit Leib und Seele,
alles, was in ihm erklingt,
bis der Glanz in seinen Augen
von der Liebe Gottes singt.

8. Wer nicht genießt, ist ungenießbar

Wie man den Glauben mit allen Sinnen feiern kann

Manchmal stellen wir uns vor, ein Fernsehteam würde nach verschiedenen kirchlichen Veranstaltungen die Besucherinnen und Besucher vor der Tür befragen: »Was fällt Ihnen spontan zu dem ein, was Sie da eben erlebt haben?« Und dann wüssten wir gerne, ob irgendjemand wohl mal das Wort »Leidenschaft« nennen würde. Was denken Sie? Wahrscheinlich nicht, oder?

Dabei wäre das doch mehr als angebracht. Wenn es stimmt, dass es einen Gott gibt, der Menschen aus der Enge in die Weite führt, weil er von Selbstdefinitionszwängen und Lebensängsten befreit, dann sollte sich diese Freiheit eigentlich in spürbarer, manchmal fast schon ekstatischer Begeisterung ausdrücken. Menschen sollten lachen, tanzen, springen, jubeln und ihre Freude mit allen Sinnen zum Ausdruck bringen. Aber es passiert nicht. Warum wohl?

Irgendwann in der Geschichte des Christentums ist da etwas furchtbar schiefgegangen. Der Glaube, der angetreten war, Menschen zu befreien, durfte irgendwann eines nicht mehr sein: frei. Jedenfalls nicht im Sinne von sinnlicher Freude, irdischem Genuss und leidenschaftlichem Empfinden. Der Jesus, der bei seinen Gegnern wegen seines intensiven Lebens als »Fresser und Weinsäufer« verschrien war (Mt. 11,19) und dessen erstes offizielles Wunder darin bestand, Wasser in einen besonders edlen Wein zu verwandeln (Joh. 2), wurde immer mehr zu einem Asketen stilisiert. Und seine sehr wohl auf das Diesseits gerichtete Theologie der Freiheit wurde bedauerlicherweise ins Jenseits verlegt. »Im

> Der Glaube, der angetreten war, Menschen zu befreien, durfte irgendwann eines nicht mehr sein: frei.

Himmel, da ist wahre Freude. Also ist sie auf Erden nicht so wichtig.«

Das wäre ja sogar noch verständlich. Denn wer sein Herz ausschließlich an irdische Genüsse hängt, handelt sicher nicht im Sinne Jesu. Dass daraus aber nach und nach eine Verachtung, ja sogar eine massive Ablehnung aller Sinnenfreuden wurde, ist letztlich eine Bankrotterklärung der institutionalisierten Glaubensgemeinschaften. Sie hatten Angst, sie würden der Ausschweifungen nicht mehr Herr. Das heißt: Weil man mit der Lebenslust nicht umgehen konnte, schaffte man sie einfach ab. Und tatsächlich ist die Kirche heute bei den meisten Menschen (oft selbst bei regelmäßigen Kirchgängern) mit eher düsteren Empfindungen wie Lustfeindlichkeit, Strenge, Kargheit, Nachdenklichkeit und Weltabgewandtheit verbunden – lauter Begriffe, die sich mit Lebensgenuss gar nicht vereinen lassen.

Die Kirche ist heute bei den meisten Menschen (oft selbst bei regelmäßigen Kirchgängern) mit eher düsteren Empfindungen wie Lustfeindlichkeit, Strenge, Kargheit, Nachdenklichkeit und Weltabgewandtheit verbunden – lauter Begriffe, die sich mit Lebensgenuss gar nicht vereinen lassen.

Es genügt, in die jüngere Vergangenheit zu schauen, um zu sehen, zu welchen Auswüchsen die Sinnenfeindlichkeit geführt hat. In vielen Dörfern ging man noch vor Kurzem entweder in die Kirche oder in die Kneipe. Dass einer beides schön fand, war undenkbar. Entweder war man Christ … oder man ging in den Tanzsaal, auf den Rummelplatz, ins Kino oder gar in die Spielhölle. Die heißt nicht zufällig so. Um der Trennung Nachdruck zu verleihen, heftete man allen »weltlichen« Dingen ziemlich bald das Etikett »Vom Teufel« an. Und dann galt eben: »Christen müssen artig sein, keine Party, keinen Wein. Ein Bein, das sich zum Tanze regt, wird im Himmel abgesägt.« (Wir danken an dieser

Stelle unseren Kollegen von der Kabarettgruppe »Superzwei« für dieses bildgewaltige Zitat.)

Die oftmals fanatischen Versuche, Menschen vor der Sünde zu bewahren, führten dabei meist zu einer völligen Weltfremdheit. Wer in der Kirche war, durfte auch nur in der Kirche sein – er ging nirgendwo anders hin, um nur ja nicht in Versuchung zu fallen. Wir haben noch Ende des 20. Jahrhunderts christliche Jugendwerke und -verbände kennengelernt, die sorgsam darauf achteten, dass ihre Mitarbeiterinnen und Mitarbeiter nicht noch irgendwo anders »in der Welt« engagiert waren, etwa in einem Sportverein oder bei der freiwilligen Feuerwehr. Der ohnehin etwas merkwürdige Slogan »Sei ganz sein oder lass es ganz sein« wurde nicht existenziell daraufhin interpretiert, dass Gott keine Halbherzigkeiten mag, sondern plötzlich zu einem Mitgliedschaftskriterium: »Sei ausschließlich in der Kirche oder verschwinde.«

Sowohl Religiosität als auch sinnliches Erleben sind gefährdet. Beide können frei und unfrei machen – und die Herausforderung besteht darin, so mit ihnen umzugehen, dass sie das Leben fördern.

Natürlich gab und gibt es genügend Beispiele dafür, dass Menschen mit sinnlichen Genüssen nicht umgehen können, abhängig werden und dann ihr Leben nicht mehr in der Hand haben. Das wollen wir auch nicht zur Seite schieben. Aber da es genauso viele Beispiele für religiösen Missbrauch, geistliche Unterdrückung und psychische Schäden aufgrund von spirituellem Fanatismus gibt, kann man wohl vor allem eines feststellen: Sowohl Religiosität als auch sinnliches Erleben sind gefährdet. Beide können frei und unfrei machen – und die Herausforderung besteht darin, so mit ihnen umzugehen, dass sie das Leben fördern.

Die Abkehr von der sinnlichen Freude hat einige merkwürdige Begleiterscheinungen mit sich gebracht. Zum Beispiel gilt Glaube gemeinhin als etwas wahrhaft Ernstes. Da geht es um die grundlegenden Dinge des Lebens – und weil Würde von vielen Personen mit Ernsthaftigkeit gleichgesetzt wird, entstand der Eindruck, dass man im Angesicht Gottes nicht lachen dürfe. Eine merkwürdige Einstellung. Amüsant ist sie auch deshalb, weil normalerweise dieselben Leute, die das Lachen in der Kirche unterdrücken wollen, sich so gern auf die guten alten Traditionen berufen. Die aber waren gar nicht so ausdrucksschwach, wie immer getan wird. Jahrhundertelang war es zum Beispiel üblich, dass Geistliche am Ostermorgen der Gemeinde Witze erzählten. Ja, sie hatten den Auftrag, die Menschen ordentlich zum Lachen zu bringen, weil damit gezeigt werden sollte, dass man den Teufel und seinen widerlichsten Handlanger, den Tod, nicht mehr fürchten muss. »Wir lachen dich aus, Teufel, hörst du?« Das Lachen war ein liturgisch-rituelles Element, das mit großer symbolischer Kraft deutlich machte, wie fröhlich Menschen sein können, für die Jesus Christus auferstanden ist. Lachen gehört also als Ausdruck der Erlösung natürlich in den Gottesdienst.

> In einer Zeit hochmoderner Beschallungsanlagen spricht überhaupt nichts dagegen, das Klatschen und Jubeln im Gottesdienst wieder einzuführen. Das wäre echte Traditionspflege.

Ähnliches gilt für den Applaus. In den frühen Christengemeinden war es üblich, während der Predigt begeistert zu applaudieren. Man freute sich über das Evangelium und klatschte und jubelte. Erst im 5. Jahrhundert wurden verschiedene Schriften verfasst, in denen die Autoren sich darüber aufregten, dass die rege Teilnahme der Gemeinde das Verstehen des Predigers leider so erschwere. Also schaffte man in den immer größer werdenden Versammlungen die Freudenäußerungen ab. Nur aus akustischen Gründen, nicht etwa aus theologischen. In einer Zeit hochmoderner Beschallungsanlagen spricht überhaupt nichts dagegen, das Klatschen und Jubeln im Gottesdienst wieder einzuführen. Das wäre echte Traditionspflege.

Nebenbei: Auch in der Frage der sinnlichen Teilhabe am Gottesdienstgeschehen muss man bedenken, dass gerade die deutsche Kirche leider einen sehr engen Horizont hat, wenn es um liturgische Formen geht. In afrikanischen und schwarzamerikanischen Gemeinden ist es selbstverständlich, dass die Gemeinde aktiv während der Predigt ihre Gefühle ausdrückt und – wenn es passt – auch laut lacht oder weint. Während bei uns diejenigen als schwach gelten, die ihren Gefühlen in der Öffentlichkeit freien Lauf lassen, ist es bei Schwarzen genau andersherum: Wer nicht den Mut hat, vor anderen zu weinen, ist offensichtlich ein schwacher Mensch. Anstatt sich von anderen Kulturen inspirieren zu lassen, fürchten wir uns aber davor. So erlebt man heute, dass Menschen mit leuchtenden Augen aus ihrem Afrika-Urlaub zurückkommen und davon schwärmen, wie lebendig, bunt und fröhlich die Gottesdienste dort waren. Doch wenn man fragt: »Wollen wir so etwas bei uns auch mal machen?«, heißt es sofort: »Sind Sie wahnsinnig?«

> Die Botschaft Jesu wendet sich gegen jede Form von Leid – sie will sie nicht etwa begründen oder rechtfertigen.

Eine weitere Folge der sinnenleeren Glaubenskultur wurde die merkwürdige Vorstellung, Gott wolle Menschen nichts Gutes gönnen. Der Gedanke »Jeder muss sein Kreuz tragen« hat die Menschen lang auf den Abweg geführt, das Leben müsse vor allem ein Opfer sein: »Ja, es gibt schöne Dinge, aber wer mit Gott zu tun hat, der muss eben darauf verzichten.« Was für eine Verdrehung biblischer Botschaften! Natürlich weist Jesus darauf hin, dass jemand, der sich für ein Leben mit

Gott entscheidet, oftmals gegen den Trend handelt, die Liebe über die reine Befriedigung stellt und möglicherweise auch Ablehnung erfahren wird, aber das heißt doch nicht, dass Gott Unangenehmes für uns Menschen will. Jeder weiß aus eigener Erfahrung, dass er gegen manche momentanen Gelüste auch mal mit Vernunft oder mit einer gewissen Selbstbeschränkung angehen muss – und jeder hat eine Ahnung davon, was es heißt, sein »Kreuz im Leben zu tragen«. Wir jedenfalls kennen niemanden, der noch kein Leid erfahren hätte. Aber die Botschaft Jesu wendet sich gegen jede Form von Leid – sie will es nicht etwa begründen oder rechtfertigen.

Der Satz »Ohne Schmerzen kommt's nicht von Herzen« ist eine Entmenschlichung und eine Entgöttlichung des Evangeliums zugleich.

In der Extremform führte der Opfergedanke zu so merkwürdigen Fragestellungen wie dieser hier: »Du lernst zwei Frauen kennen. Die eine findest du interessant, wunderschön und geistreich. Die andere dagegen langweilig, hässlich und blöd. Welche hat Gott wohl für dich vorgesehen? Denk daran: Wir müssen alle Opfer bringen.« Oder folgendes Beispiel: »Du hast zwei Jobangebote. Der eine Job klingt herausfordernd und ist mit einer Dienstvilla am Mittelmeer verbunden. Der andere Job ist Routine und nördlich des Polarkreises in einem Plattenbau angesiedelt. Nun frag dich, was dein Kreuz ist.« Hätten wir solche Diskussionen nicht selbst erlebt, wir hielten sie für reines Kabarett. Der Jesus, den wir in der Bibel finden, will nicht, dass Menschen um seinetwillen das Schöne verachten. Er findet auch sinnlose Opfer nicht gut. Der Satz »Ohne Schmerzen kommt's nicht von Herzen« ist eine Entmenschlichung und eine Entgöttlichung des Evangeliums zugleich.

Noch einmal: Wer glaubt, der ist auch bereit, für das Reich Gottes persönliche Vorlieben zurückzustellen. Er wird das aber nicht als Opfer empfinden, sondern als Konsequenz einer guten Entscheidung. So wie jede Entscheidung »Opfer« mit sich bringt. Wenn sich ein Mann für eine Frau entscheidet, entscheidet er sich damit gleichzeitig gegen den Sex mit anderen Partnerinnen – auch wenn ihm das nicht immer leichtfallen mag und auch nicht immer gelingt. Aber wenn er seine Partnerin liebt, dann ist der »Verzicht« auf das Fremdgehen kein Opfer, sondern ein Ausdruck seiner Liebe. Und es wäre völlig idiotisch, wenn dieser Mann nun überall herumliefe und sagen würde: »Ach, ich bringe ja so viele Opfer. Die da und die da und die da.« Dieser Mann hätte die Liebe nicht verstanden. Seltsamerweise laufen aber viele Christinnen und Christen genau so herum: »Ach, ich bringe ja so viele Opfer …« So funktioniert Glauben nicht – zum Glück. Wenn überhaupt sollten Opfer nur aus freien Stücken gebracht werden, nicht aus Angst, die soziale Anerkennung zu verlieren. In der Bibel steht der schöne Satz: »Gott spricht: Ich habe Lust an der Liebe und nicht am Opfer.« (Hos. 6,6) Die oberste Grundregel oder die Psychobilanz der geistlichen Freiheit lautet daher: »Wenn du dich aus einem gesunden Glauben heraus engagierst, wirst du auf jeden Fall mehr herausbekommen, als du hineinsteckst. Denn: Gott schreibt im Leben eines Menschen immer schwarze Zahlen.« Papst Benedikt XVI. sagte bei seiner Amtseinführung sogar: »Habt keine Angst vor Christus. Er nimmt nichts, und er gibt alles. Wer sich ihm gibt, der erhält alles hundertfach zurück.«

Die oberste Grundregel oder die Psychobilanz der geistlichen Freiheit lautet daher: »Wenn du dich aus einem gesunden Glauben heraus engagierst, wirst du auf jeden Fall mehr herausbekommen, als du hineinsteckst. Denn: Gott schreibt im Leben eines Menschen immer schwarze Zahlen.«

Eine der sinnlichsten Psalmstellen macht die Freiheit der Gefühle wunderbar deutlich: »Hab deine Lust am Herrn.« (Ps. 37,4) Und sowohl das Alte als auch das Neue Testament freuen sich über ein genussvolles Leben. Besonders lebensfroh ist der Autor des Buches Prediger, der einen sehr melancholischen Text geschrieben hat – und dennoch oder gerade deshalb immer wieder darauf hinweist, dass Gott nichts gegen Freude hat: »Ich merkte, dass es nichts Besseres gibt, als fröhlich zu sein und es sich gut gehen zu lassen. Ein Mensch, der isst und trinkt und trotz aller Mühen den Mut nicht verliert, ist eine Gabe Gottes.« (Pred. 3,12-13) Hier geht es nicht um Völlerei, Flatrate-Saufen oder Vergnügungssucht, sondern um die Kunst, »trotz aller Mühen« das Leben als ein wertvolles Geschenk zu sehen und zu genießen: »So geh denn hin und iss dein Brot mit Freuden, trink deinen Wein mit gutem Mut; denn wenn du das tust, freut sich Gott. Zieh schöne Kleider an. Und genieße das Leben mit deiner Frau, die du liebst.« (Pred. 9,7-9) Das ist ein großartiger Aufruf gegen Miesepetrigkeit und für ein Leben in Fülle. Gott freut sich, heißt es hier, wenn man beim Essen und Trinken fröhlich ist.

Was für ein Gottesbild haben Glaubende, die Angst haben, das Dasein zu genießen? Wahrscheinlich ist es weder entspannt noch daseinszugewandt. Schade. Denn Gott liebt das Leben. Darum sagen wir beim Abendmahl ja auch ganz bewusst: »Schmeckt und seht, wie freundlich der Herr ist!« (Ps. 34,9) Die Freundlichkeit Gottes ist sinnlich erfahrbar. Die ersten Christinnen und Christen trafen sich täglich und »brachen das Brot hier und dort in den Häusern« (Apg. 2,46). Sie tranken und aßen miteinander und erlebten dabei eine inspi-

Was für ein Gottesbild haben Glaubende, die Angst haben, das Dasein zu genießen? Wahrscheinlich ist es weder entspannt noch daseinszugewandt. Schade. Denn Gott liebt das Leben.

rierende, tragende Gemeinschaft. Umso erschreckender und unverständlicher ist es, dass von dem leckeren, kommunikativen Abendmahl der frühen Christenheit heute nur noch pappige, geschmacksneutrale Oblaten und ein winziger Schluck Billigwein (bei Katholiken noch nicht einmal das) übrig geblieben sind, die dann in völligem Schweigen und in gedämpfter Stimmung eingenommen werden, als wären sie ein bitteres Medikament – so eine Art spirituelles Antibiotikum. So hatte sich das Jesus bestimmt nicht gedacht. Sein letztes Abendmahl mit den Jüngern war ein echtes Festmahl – trotz des Schattens, der schon darüber lag, weil die Kreuzigung bevorstand. Jesus hat ein letztes Mal gefeiert. Vielleicht ist der Übergang vom Festessen zur Hostie ein Symbol für den Niedergang des kirchlichen Umgangs mit den Sinnen. Heute haben viele Menschen beim Abendmahl wahrscheinlich unterschwellig das Gefühl: »Um ganz ehrlich zu sein: Gott schmeckt mir nicht. Wenn seine Freundlichkeit so ist wie diese am Gaumen klebende Scheibe, dann lieber nicht!«

> Orgel, Gospel, Sacropop, Taizée-Gesänge oder Rockmusik sind einfach unterschiedliche Zugänge zu Gott.

Die Freiheit, den Glauben mit allen Sinnen genießen zu dürfen, bezieht sich auch auf alle anderen Erfahrungshorizonte. Natürlich dürfen Glaubende die Musik hören, die ihnen guttut und ihnen hilft, sich für Gott zu öffnen. Und wenn jemandem Orgelmusik nicht gefällt, ist es völlig legitim, das auch zu sagen. Es wäre doch äußerst merkwürdig, wenn man seinen Glauben nur mit einem Musikstil feiern dürfte, den man privat niemals hört und der einem auch nicht gefällt. Das ist übrigens eine reine Stilfrage, nicht etwa – wie es so gern kolportiert wird – eine Frage der Qualität. Es gibt erschreckend schlechte Organisten und gruselige Bands. Es gibt aber auch hervorragende Kirchenmusiker und musikalisch hochwertige Kompositionen neuer Kirchenlieder. Grundsätzlich kann man sagen: Orgel, Gospel, Sacropop, Taizé-Gesänge oder Rockmusik sind einfach unterschiedliche Zugänge zu Gott. Kein Stil ist wahrer als der andere. Entscheidend ist, was unsere Spiritualität belebt. In eingeschränkten Gemeinden gibt es meist nur einen Stil. Das ist auch in Ordnung. Allerdings nur, wenn daraus kein Absolutheitsanspruch abgeleitet wird. Wenn eine Gemeinde sagt: »Wir wollen nur diese Musik, freuen uns aber, dass andere durch andere Klänge berührt werden«, dann haben sie etwas von der Freiheit des Glaubens verstanden. Wenn jemand allerdings alle Musik verdammt, die nach Bach entstanden ist, dann glaubt er nicht an die Liebe, sondern nur an Noten.

Warum sitzen wir auf Hartholz-Bänken, die den Rücken massakrieren und die Gesäßdurchblutung stoppen?

So ist es auch legitim, nach vielen anderen entsinnlichten Erscheinungen zu fragen: Was ist mit dem schwarzen Talar? Wo bleibt da eigentlich die Buntheit? Was ist mit der Sprache? Warum klingt die oft so unvertraut und altertümlich? Ist ein Text wirklich heiliger, wenn er in einer 500 Jahre alten Übersetzung gelesen wird und ihn viele nicht mehr verstehen? Warum feiern die meisten Gemeinden ihren Gottesdienst weiterhin zu einer gänzlich familienfeindlichen Zeit, die nur deshalb so früh liegt, weil sie vor Jahrhunderten den Fütterungszeiten der Bauern angepasst wurde? Warum kommen die modernen Medien wie Film, Ton, Grafik oder die Kunst der Inszenierung, mit denen die Menschen heute längst vertraut sind, in der angeblich so menschenfreundlichen Kirche kaum vor? Warum sitzen wir auf Hartholz-Bänken, die den Rücken massakrieren und die Gesäßdurchblutung stoppen? Warum kriegen wir eine Halsstarre, nur weil der Prediger vier Meter über uns auf einer Hochkanzel thront, die wegen des Mikrofons längst überflüssig ist? Warum dürfen wir eigentlich bei der Predigt nicht zurückfragen, wenn uns etwas nicht überzeugt? Und so weiter.

Eine Antwort auf diese Fragen könnte sein, dass viele Menschen aufgrund ihrer Erziehung und der Überlieferung gerne »heilige« von »unheiligen« Gefühlen trennen. Als »heilig« gelten in der Regel gedämpfte Emotionen mit mild-freundlichem Zuckerguss und stark nach innen gerichteten Gemütsäußerungen, während Leidenschaftsausbrüche von Heiterkeit bis Zorn und sinnliches Genießen als eher unpassend erscheinen. »Gute Christen« versuchen dann gern, ihre Gefühle vom Verstand her zu kontrollieren. Unsere Lebenserfahrung zeigt uns aber: Das funktioniert nicht. Auf diese Weise züchtet man verbogene und verlogene Charaktere, die ständige Nabelschau betreiben und den Spaß am Leben, den sie selbst nicht mehr haben, auch den anderen verleiden wollen.

Wenn Sie glauben können, dass Gott wirklich »Ja« zu Ihnen sagt, dann gilt das selbstverständlich für Ihre ganze Persönlichkeit, inklusive aller »unheiligen« Aspekte.

Wenn Sie glauben können, dass Gott wirklich »Ja« zu Ihnen sagt, dann gilt das selbstverständlich für Ihre ganze Persönlichkeit, inklusive aller »unheiligen« Aspekte. Gott hat uns nun mal mit dem ganzen Repertoire an Emotionen ausgestattet, auch mit denen, die kirchlicherseits in einem schlechten Ruf stehen. Diese sind jedoch keine dämonischen Fremdeinwirkungen, sondern gehören zu uns. Und wenn wir sie unterdrücken, blockieren wir uns selbst. Viel effektiver ist, sie selbst zu bejahen und den Umgang mit ihnen zu lernen.

Nehmen wir ein typisches und kaum übertriebenes Beispiel: Ein verheirateter Mann verliebt sich in eine andere Frau. Das bedeutet zunächst einmal zweierlei: 1. Er ist vermutlich völlig normal. 2. In seiner Ehe gibt es wahrscheinlich ungeklärte Defizite. Statt diesen Defiziten auf den Grund zu gehen, neigt er als gesetzestreuer Christ eher dazu, das Problem in seinen »sündigen Gedanken« zu sehen und sie zu bekämpfen – durch Bibellesen und kalte Duschen. Er bittet Gott um Kraft, um diese Prüfung zu bestehen. Doch das Gefühl der Verliebtheit wird immer stärker und verfolgt ihn auf Schritt und Tritt. Da ihm sein Versagen entsetzlich peinlich ist, spricht er weder mit seiner Frau noch mit seinen Freunden darüber, bestenfalls mit seinem Seelsorger, der ihm eifriges Beten und die Lektüre von christlichen Ratgebern als Hilfsmittel empfiehlt (und kalte Duschen). Schließlich entdeckt er auch noch, dass er mit dieser fremden Frau viel besser über den christlichen Glauben reden kann als mit seiner eigenen. Das muss ein Zeichen sein! Nach qualvollen Wochen, in denen er sich nicht entscheiden kann, verlässt er schließlich seine Frau, tritt aus der Gemeinde aus und zieht mit der Geliebten zusammen.

> Wer Emotionen hinter einer Maske versteckt oder zähneknirschend runterschluckt, bekommt davon bloß Magengeschwüre. Wer sie bekämpft, macht sie groß, und wer sie verleugnet, belügt sich selbst.

Wäre er ehrlich mit sich und seiner Frau umgegangen, hätte er vielleicht mit ihr gemeinsam die Defizite aufdecken und bearbeiten können. Damit hätte die Ehe noch eine Chance gehabt. Dass man sich auch als Verheirateter in eine andere Person verliebt, ist keineswegs selten und zunächst mal auch nicht verwerflich, wenn man das Problem als Paar gemeinsam bewältigt. Erst die Verheimlichung und das Belügen des Partners treiben den Keil in die Beziehung, an dem sie letztlich zerbricht.

Natürlich gibt es auch noch viele andere Gefühle, die uns irritieren oder beeinträchtigen: Gier, Hass und Neid können uns zerfressen, Schwermut lähmt und Zorn verletzt. Aber wer diese Emotionen hinter einer Maske versteckt oder zähneknirschend runterschluckt, bekommt davon bloß Magengeschwüre. Wer sie bekämpft, macht sie groß, und wer sie verleugnet, belügt sich selbst. Die Strategie, die uns Jesus gelehrt hat, ist völlig anders: Wir dürfen alles, was uns belastet, an Gott abgeben. Dazu müssen wir es aber zulassen. Und wir können uns gezielt mit Menschen umgeben, die einen guten Umgang mit ihren Leidenschaften pflegen, denn Leidenschaft hat immer auch etwas mit der Lust am Leben zu tun.

> All die Dinge, die Menschen mit einem lustvollen Miteinander verbinden, sollten in der Kirche besonders kultiviert werden.

Deshalb sollten all die Dinge, die Menschen mit einem lustvollen Miteinander verbinden, in der Kirche besonders kultiviert werden. Sie werden, weil sie im Angesicht Gottes stattfinden, eine ganz eigene Prägung haben. Es darf jedenfalls nicht länger so sein, dass Lebenslust mit dem Glauben der Kirche nichts zu tun hat. Ja, Kirche darf sogar Spaß machen. Weil ein Mensch, der lacht und das Dasein genießt, weil er sich von Gott beschenkt weiß, die schönste Einladung für spirituell suchende Menschen ist, die es gibt.

Eine berühmte Geschichte aus dem Alten Testament (2. Sam. 6) erzählt davon, dass die Ängste vor einem sinnlichen Glauben uralt sind: Der israelitische König David begleitet eines Tages die berühmte Bundeslade nach Jerusalem. Das ist der Kasten, in dem die Tafeln mit den 10 Geboten aufbewahrt werden. Und die Gegenwart Gottes begeistert David so sehr, dass er unterwegs anfängt zu tanzen. Ja, er springt und tanzt – begeistert, leidenschaftlich, hingebungsvoll und dabei auch noch äußerst spärlich bekleidet. Ekstase pur.

Und seine Frau Michal? Die sieht das Ganze von ihrem Fenster aus und ist entsetzt. So wie heute noch viele Fromme über sinnlichen Glauben entsetzt sind. Abends macht Michal ihrem Mann eine Riesenszene: »Sag mal, hast du sie noch alle? Du hast dich dermaßen lächerlich gemacht. Du, der König, bist rumgehüpft wie ein Prolet. Peinlich!«

»Nein«, sagt David, »nicht peinlich. Ganz und gar nicht. Wer die Gegenwart Gottes spürt, der kann nicht anders. Der muss seine Freude einfach rauslassen. Der hat nur noch Augen für Gott und den interessiert auch nicht, was man über ihn denkt.«

Eine tolle Geschichte. Eine, die deutlich macht, dass es beim Glauben eben nicht um bestimmte Umgangsformen geht, sondern darum, dass Menschen sich von Gott begeistern lassen. Und wenn das passiert, dann fängt der eine an zu singen, der andere hüpft und wieder andere, die … die schreiben ein Buch über die Freiheit des Glaubens. Tanzen Sie schön!

Die 8. Freiheit lautet: Du darfst deinen Glauben mit allen Sinnen genießen. Gott lädt uns ein, ihn zu schmecken, zu sehen, zu spüren, zu hören, zu riechen und zu fühlen. All dies soll nicht begrenzt, sondern verstärkt werden. Darum dürfen wir auch Formen suchen und finden, in denen wir Gottes Gegenwart besonders feiern können.

Die folgende, ungewöhnliche Charakterstudie beschreibt einen Mann, der die Kirche wahrhaftig mit allen Sinnen erlebt. Zugegeben: aus den falschen Motiven. Trotzdem lohnt es sich, diesen eigenartigen Zeitgenossen kennenzulernen, weil er uns manches über die wahren Beweggründe angeblich frommer Kirchgängerinnen und Kirchgänger verrät.

Johnny

Er ist ein richtig kleiner frecher Gauner,
geschmacklos, egozentrisch, glatt und roh.
Doch wird kein Wirt der Stadt ihn je verpfeifen,
denn Johnny ist ein Schwein, doch ein Schwein
mit Niveau.
Ja, sonntags geht der Johnny in die Kirche,
das ist für ihn der beste Trick der Welt.
Erst kann er eine Stunde sorglos schlafen,
dann sucht der Küster das Kollektengeld.

Die Hehler freuen sich über die Leuchter
und Johnnys Anzug war mal ein Talar.
Jetzt spürt er endlich Gottes wahren Segen,
weil er noch nie so reich und dabei glücklich war.
Ja, sonntags geht der Johnny in die Kirche,
er leert den halben Kelch beim Abendmahl.
Dann setzt er sich ganz nah zur Organistin,
denn die trägt enge Pullis und ist so sakral.

Du, der Johnny mag es warm und ohne Sorgen,
und in der Kirche sucht man ihn wohl nicht.
Er betet sogar laut das Vaterunser,
weil ihm da endlich keiner widerspricht.

Ja, sonntags geht der Johnny in die Kirche,
nichts wärmt ihn besser als ein Bachchoral.
Von der Empore sieht er auf die Gemeinde
und sagt sich lachend: »Dagegen bin ich doch noch
normal.«

9. Geglaubt sei, was stark macht

Wie man in die Geborgenheit des Glaubens eintaucht

Augustinus, dessen ethischen Grundsatz »Liebe und tu, was du willst« wir schon kennengelernt haben, hat noch einen zweiten grandiosen Gedanken zur Freiheit formuliert: »Unruhig ist unser Herz, bis es bei dir, Gott, Ruhe findet.« Ein zukunftsweisender Satz, mit dem der Kirchenvater auf eine der wesentlichen Stärken eines gelingenden Glaubens verweist, nämlich auf die Gelassenheit – das Fühlen einer grundsätzlichen Geborgenheit, die das ganze Sein eines Menschen auf ein neues Fundament stellt. Weil Glaubende wissen, dass sie nicht tiefer fallen können »als in Gottes Hand«, gehen sie insgesamt mit dem Leben entspannter und gelöster um – also: befreiter. Letztlich sagt Augustinus sinngemäß: »Frauen und Männer sind ihr ganzes Leben lang auf einer Suche, nach Glück, nach Erfüllung, nach Sinn oder nach Halt. Und diese Suche bringt eine unglaubliche Unruhe in ihr Leben. Immer ist da dieses Gefühl ›Es fehlt etwas!‹ Das Getriebensein und die innere Heimatlosigkeit hören erst da auf, wo jemand bei Gott sein Zuhause findet.«

> »Unruhig ist unser Herz, bis es bei dir, Gott, Ruhe findet.« Ein zukunftsweisender Satz, der auf eine der wesentlichen Stärken eines gelingenden Glaubens verweist, nämlich auf die Gelassenheit.

Tatsächlich ist der Verweis auf dieses tragende Lebensgefühl nicht einfach nur eine theologische Behauptung und die Erfahrung einzelner Menschen, sondern ein inzwischen auch wissenschaftlich vielfach bestätigtes Phänomen. Der deutschamerikanische Psychologe Erik H. Erikson etwa hat den Begriff des »Urvertrauens« geprägt und gezeigt, dass das Urvertrauen in das Dasein der bedeutendste Faktor für ein gelingendes Leben ist. Wenn Menschen sich dem Leben insgesamt zuwenden, dann verlieren äußerliche Komponenten ihre Bedeutung – und genau diese heitere Zuversicht hilft den Menschen, die ihnen gegebenen Möglichkeiten tatsächlich optimal zu nutzen und zufrieden zu sein. Ein solches Urvertrauen – das Erikson als allgemeines Phänomen beschreibt und dessen Bildung normalerweise in der frühen Kindheit geschieht – atmet die Bibel von der ersten bis zur letzten Seite: »Sorgt nicht um euer Leben« (Mt. 6,25), denn »Gott sorgt für euch« (1. Petr. 5,7). Darin steckt Freiheit pur.

> Da, wo das Glück eines Lebens von Gott geschenkt wird, gibt es keinen Anlass, sich selbst oder andere in irgendeiner Form zu unterdrücken oder kleinzumachen.

Wer glaubt, dass Gott ihn liebt und achtet, der hat endlich nicht mehr den Zwang, die Erfüllung seines Daseins aus seinen weltlichen Erfolgen und Erfahrungen ableiten zu müssen, und braucht nicht mehr zu fürchten, im Leben andauernd zu kurz zu kommen. Er schöpft Kraft aus der Gewissheit, dass die wahren Herausforderungen, die das Dasein eines Menschen wertvoll und gut machen (Selbstwertgefühl, Angenommensein, Lebenssinn u.a.), ohnehin nicht in seiner Macht liegen, weil sie den menschlichen Horizont überschreiten. Um all das, was die Existenz eines Menschen angeht, kümmert sich Gott, der Schöpfer. Er macht das Dasein wertvoll, weil er seine Geschöpfe liebt. Und weil dem so ist, hat jeder Glaubende die Chance, sich von unterdrückenden Mechanismen zu befreien und zwanghafte Strukturen abzubauen: Da, wo das Glück eines Lebens von Gott geschenkt wird, gibt es nämlich keinen Anlass, sich selbst oder andere in irgendeiner Form zu unterdrücken oder kleinzumachen.

Umso trauriger ist es natürlich, dass gerade in kirchlichen Institutionen diese Gelassenheit so wenig verbreitet ist. An sich ist es kaum zu verstehen, warum derart viele Christinnen und Christen so verbissen sind und so ängstlich darauf bedacht, alles zu sichern und zu halten. Eine Antwort zeigen uns noch einmal die sieben Rettertypen, die wir in der Einleitung vorgestellt haben. Sie vereint nämlich alle dieselbe Angst: »Hängt das Heil nicht doch von uns ab? Müssen wir nicht dies oder jenes tun, damit wir und die Welt gerettet werden?« Und allein diese ewigen Unsicherheiten bringen eine unheilvolle Anspannung in ihr Christsein, einen inneren Zwang, eine Rast- und Friedlosigkeit, der genau das entscheidende Kernstück des Glaubens fehlt: die Ruhe bei Gott. Diese Ruhe ist auch deshalb so wichtig, weil sie eben nicht – wie man vermuten könnte – in die Lethargie oder die Tatenlosigkeit führt, sondern weil gerade sie es ermöglicht, sich mit fröhlicher Leidenschaft und Hingabe für das Reich Gottes einzusetzen.

> Christinnen und Christen, die die Freiheit Gottes erfahren, können sich mit Begeisterung und Leidenschaft für die Welt einsetzen, ohne sich darin zu verlieren. Und gerade das gibt ihnen Besonnenheit, Kraft und Ausdauer.

Das mag auf den ersten Blick wie ein Widerspruch anmuten, ist es aber nicht. Bei vielen Menschen, die sich für etwas engagieren, verbindet sich nämlich der Einsatz für die gute Sache mit ganz persönlichen Motiven: »Ich setze mich ein, weil ich dadurch Anerkennung bekomme, weil ich bekannt werde, mich beweisen kann, dem anderen eins auswische, Geld verdiene, mir selbst einen Sinn gebe, eine Machtposition einnehme und so weiter.« Darum sind ja auch so viele Aktivisten in der Gefahr, fanatisch zu werden. Für sie hängt plötzlich das Glück dieser Erde davon ab, dass eine U-Bahn in ihrer Siedlung geplant oder gerade nicht geplant wird, dass ein Mobilfunkmast abgeschaltet, eine Kirchenbank gerettet, ein Blumenstrauß auf dem Altar links platziert oder ein Moscheebau verhindert wird. Über all diese Themen kann man viel und angeregt diskutieren, aber sie sind nicht das Eigentliche des Menschseins. Und wer zwischen seinem Anliegen und seiner Person irgendwann nicht mehr unterscheiden kann, weil beides durch ein persönliches Getriebensein miteinander verstrickt ist, hat auf Dauer auch kein gesundes Verhältnis mehr zu seinem Engagement. Darum ist Gelassenheit so wichtig. Christinnen und Christen, die die Freiheit Gottes erfahren, können sich mit Begeisterung und Leidenschaft für die Welt einsetzen, ohne sich darin zu verlieren. Und gerade das gibt ihnen Besonnenheit, Kraft und Ausdauer. Die Frage ist also: Gelingt es uns, unser Leben aus einer himmlischen Perspektive zu betrachten, die unser Dasein im positiven Sinne relativiert?

Geborgenheit und Gelassenheit im und durch den Glauben sind keine Rückzugsmomente, kein Aufgehen im Fatalismus, sondern unglaublich starke Energiequellen. Gott ist nun einmal angetreten, um das Leben zu fördern und Menschen stark zu machen. Erinnern wir uns noch mal an das biblische Motto: »Die auf den Herrn trauen, schöpfen neue Kraft!« (Jes. 40,31) Gott sagt seine Stärkung zu. Entscheidend dabei ist: Von dieser Kraft darf man konkret etwas spüren. Das ist ein Versprechen, das sich praktisch und erkennbar ereignen will. Traurigerweise liegen diese Kräfte jedoch bei vielen Glaubenden brach, weil sie sie entweder gar nicht kennen oder sie einfach nicht zu nutzen wissen. Andere haben eine Zeitlang probiert, sie zu nutzen, konnten dann mit ihrer ungeheuren Dynamik nicht richtig umgehen und machen deshalb heute aus Angst einen großen Bogen darum. Und wieder andere haben die bittere Erfahrung ge-

»Die auf den Herrn trauen, schöpfen neue Kraft!« (Jes. 40,31) Gott sagt seine Stärkung zu. Entscheidend dabei ist: Von dieser Kraft darf man konkret etwas spüren.

macht, dass sie aufgrund ihrer Glaubensbereitschaft und ihrer Gutwilligkeit von anderen (auch und gerade von Christinnen und Christen) ausgenutzt oder gar missbraucht wurden.

Man darf deshalb nie vergessen, dass die Kräfte des Glaubens bei falscher Handhabung auch zerstörerisch wirken können. Nämlich dann, wenn sie sich mit selbstsüchtigen Interessen mischen oder manipuliert werden. Und natürlich gibt es auch eine gewisse Naivität im Umgang mit der Kraft des Glaubens. Die ist immer dann zu beobachten, wenn Menschen sich eben aus der Verantwortung zurückziehen und sagen: »Der Herr wird's schon richten. Ich kümmere mich um gar nichts mehr. Halleluja.« Darin zeigt sich ein fatales Missverständnis. Wenn Gott Menschen Kraft verleiht, dann nicht allein um ihrer selbst willen, sondern damit sie – gut ausgerüstet – die Liebe in der Welt voranbringen. Gott ist kein Kaninchenzüchter, der seinen träge und phlegmatisch gewordenen Tieren regelmäßig Sauerampfer in den Käfig stopft, sondern eher wie ein guter Trainer, der seinen Sportler losschickt und ihn unterwegs mit allem Nötigen versorgt. Athlet und Trainer haben ein gemeinsames Ziel: Sie wollen gute Leistungen bringen.

Wenn Gott Menschen Kraft verleiht, dann nicht allein um ihrer selbst willen, sondern damit sie – gut ausgerüstet – die Liebe in der Welt voranbringen.

Glauben macht stark. Vor allem, wenn man sich als Teil einer großen Gemeinschaft versteht. Es ist ein wunderbar beflügelndes Gefühl, zu einer auserwählten Gruppe zu gehören, die der Menschheit das Heil bringt – und auf Grundlage dieses Gefühls kommt oft das schlimmste Unheil über die Menschheit, in Form von Krieg, Terror oder Unterdrückung. Viele idealistische Gruppierungen (und keineswegs nur die religiösen) laufen immer wieder in diese gefährliche Falle. Solange sie klein sind, predigen sie Toleranz und Offenheit, sobald sie jedoch Macht bekommen, stehen sie in der Versuchung, genau das wieder abschaffen zu wollen. Das Böse wird dann bekämpft, indem man die vermeintlich Bösen bekämpft. Auch das Christentum hat diesen Prozess in seiner Geschichte immer wieder erlebt. Jesus hielt davon nichts: »Ihr wisst, die Herrscher unterdrücken ihre Völker und die Machthaber üben Gewalt über sie aus. Aber so ist es unter euch nicht; sondern wer groß sein will unter euch, der soll euer Diener sein; und wer unter euch der Erste sein will, der soll der Knecht von allen sein.« (Mk. 10, 42ff.)

Das großartige Gefühl, zu einer Elitetruppe zu gehören, an deren Wesen die Welt genesen soll, ist vor allem für Jugendliche ein starker Anreiz, sich in einer Glaubensgemeinschaft zu engagieren. Das ist auch gut so. Aber man sollte sich darüber im Klaren sein, dass das noch nicht die Kraft des Glaubens ist. Es ist nicht verwerflich, diese Empfindungen zu haben, aber es ist auch nicht sinnvoll, bei ihnen stehen zu bleiben. So wie eines Tages auch die Erkenntnis reifen und ins Herz einziehen sollte, dass Gott uns eben *nicht* anerkennend auf die Schulter klopft, wenn wir konsequenter, sozialer, opferbereiter, authentischer oder sonstwie heldenhafter leben als andere. Wer von Gottes umfassender Liebe zu allen Menschen durchdrungen ist, empfindet keine Befriedigung mehr bei der Vorstellung, dass die »Ungläubigen« und »Halbgläubigen« in der Hölle schmoren sollen, sondern er wird versuchen, diese Liebe, die ihn gepackt hat, im Rahmen der eigenen Möglichkeiten weiterzuverschenken. Glaube macht stark – aber niemals *gegen*, sondern immer nur *für* andere Menschen.

»Wer groß sein will unter euch, der soll euer Diener sein; und wer unter euch der Erste sein will, der soll der Knecht von allen sein.« (Mk. 10, 42ff.)

Möglich wird das durch eine umfassende Erfahrung der Geborgenheit, die sich aus drei großen Quellen speist, die ihrerseits im Glauben verankert sind:

Die erste Quelle ist ein absolutes Ja zum Leben. Christinnen und Christen können per Definition keine Pessimisten sein. Sie leben aus Hoffnung und Vertrauen. Glaubende sind der Überzeugung, dass Gott mit dieser Welt einen guten Weg gehen möchte, dass sie von ihm geschaffen wurde und dass sie bei aller Gebrochenheit »die beste aller Welten« ist, wie der Philosoph Leibniz es ausgedrückt hat. Natürlich sehnen sich alle Menschen im Innersten nach einer besseren Welt, nach einer, in der Leid, Hass und Angst ein für alle Mal ausgerottet sind. Doch diese neue Welt hätte mit der unseren nicht mehr viel zu tun. Die Schöpfung, in der wir leben, ist voller Widersprüche und Gefahren, dafür bietet sie das, was jede und jeder am meisten braucht: Freiheit. Eine Welt ohne das Negative wäre nämlich auch eine Welt ohne Entscheidungsfreiheit. Diese Einsicht ist zwar kein Trost, wenn jemandem persönlich Leid widerfährt, aber sie ist die Grundlage für ein Ja zum Leben: die Erkenntnis, dass die Erde bei allem, was es darin zu verbessern und zu bekämpfen gibt, eine wertvolle, eine richtige und eine gewollte Welt ist. Und dass es gut ist, dass es Sie und Ihre Mitmenschen (auch die, die Sie nicht besonders mögen) darin gibt.

Christinnen und Christen können per Definition keine Pessimisten sein. Sie leben aus Hoffnung und Vertrauen.

Wenn Sie Ihre Bekannten und Freunde einmal durch die Brille der Freiheit betrachten, werden Sie schnell feststellen, dass alle Menschen, die frei sind, ein positives Verhältnis zu sich, den Gegebenheiten ihres Alltags und zur Schöpfung haben – auch und gerade wenn sie sich aktiv für bessere Zustände einsetzen. Sie sind nicht negativ, argumentieren nicht destruktiv oder verächtlich, sondern handeln aus Liebe.

Die zweite Quelle ist die »Relativitätstheorie« des Glaubens. Wenn ein Mensch für sich erkannt hat, dass ihn selbst der Tod auf Erden nicht schrecken kann, dann relativieren sich – wie oben schon angedeutet – viele irdische Sorgen. Sie sind möglicherweise schmerzhaft, unangenehm oder leidvoll, aber sie können den Wert des Lebens nicht mindern. Da wundert es auch nicht, dass die Christinnen und Christen, die singend in den römischen Zirkus zu den Löwen zogen, zu einem Inbegriff von Glaubensstärke geworden sind (auch wenn das bestimmt nicht immer so heroisch zuging wie in typischen Sandalenfilmen dargestellt). Unabhängig von der heiß diskutierten Frage, wie sehr Glaubende auch Widerstand leisten sollen: In den damaligen Gemeinden war das Bekenntnis zum Glauben wichtiger als die Angst vor dem Sterben – weil die Menschen gewiss waren, dass es nichts Schöneres gibt, als bei Gott zu sein.

Wer Liebe als Fundament seines Lebens entdeckt hat, erkennt auch, dass das, was Jesus »Schätze auf Erden« nennt, nicht trägt. Sie machen das Dasein in mancher Hinsicht einfacher, aber sie geben keine Antworten auf die Fragen, die unsere Existenz an uns stellt. Der Sohn Gottes lädt ein, »Schätze im Himmel« zu sammeln, die Dinge, die das Reich Gottes voranbringen.

> Wenn ein Mensch für sich erkannt hat, dass ihn selbst der Tod auf Erden nicht schrecken kann, dann relativieren sich viele irdische Sorgen.

Die dritte Quelle ist die Beheimatung. Gerade in einer Gesellschaft, in der Mobilität als Qualitätsmerkmal gilt und zugleich die wesentlichen Strukturen, die früher ein Zuhause gaben, immer »zerbrechlicher« zu sein scheinen (Familie, Dorfgemeinschaft, Freundschaft, gemeinsame Kultur usw.), erleben sich Menschen in einem gewaltigen Hin- und Hergerissensein. Sie sind überall und nirgends zu Hause – sodass es für sie auch keine Rückzugsorte mehr gibt. Sie wissen nicht mehr, wo sie hingehören. Gott aber sagt genau diese für ein gelingendes Leben so bedeutsame Beheimatung zu: »Ich will mit dir gehen! Wo du bist, bin ich auch. Auch wenn alles um dich zerbricht, ich lasse dich nicht los. Bei mir hast du ein Zuhause.« Dieser Gedanke hat die Dichter schon vor 3000 Jahren so bewegt, dass sie zum Beispiel den Psalm 139 geschrieben haben:

Gott, du durchschaust mich. Du weißt alles von mir.
Du weißt sogar, ob ich sitze oder stehe.
Du durchschaust meine Gedanken, in all deiner Größe.
Ganz gleich, ob ich arbeite oder ausruhe:
Du bist mir nah und kennst jeden meiner Schritte.
Bevor meine Zunge ein Wort ausspricht, kennst du es schon.
Du umgibst mich von allen Seiten
und beschützt mich mit deiner Hand.
Dass du mich so gut kennst, kann ich überhaupt nicht fassen.
Das übersteigt meinen Verstand.
Ich wüsste gar nicht, wohin ich gehen sollte,
wenn ich dir entkommen wollte.
Wohin sollte ich denn fliehen, damit du mich nicht mehr siehst?
Wenn ich in den Himmel hinaufsteige – dann bist du da.
Und wenn ich in die Unterwelt hinabsteige –
dann bist du ebenfalls da.
Fliege ich bis zum Morgenrot oder ans Ende des Meeres,
wo die Sonne untergeht,
dann wird mich auch dort deine Hand führen und halten.
Wenn ich sagen würde: »Ich möchte mich im Dunkeln verstecken.
Es soll überall Nacht sein«,
dann wäre die Finsternis für dich nicht finster
und die Nacht wäre hell wie der Tag.
Du hast mein Innerstes geprägt
und mich im Schoß meiner Mutter geformt.
Ich danke dir, dass du mich so wunderbar gemacht hast.

Ein Ja zum Leben, die Relativierung unseres menschlichen Horizontes und die Beheimatung bei Gott: Diese drei Quellen schaffen eine Geborgenheit, die sich als tragende Kraft im Leben erweist. Menschen, die diese Kraft kennen, können tatsächlich gelassen, fröhlich und heiter sein. Freiheit des Fühlens bedeutet dabei auch: Freiheit von seelischen Belastungen wie Sorgen, Schuld, Angst, Hass, Neid. Ja, die Kunst des Glaubens besteht gerade darin, all diese Dinge bei Gott abzugeben. Deshalb predigte Jesus ja von Gott immer als von einem liebenden Vater, der schützend und bergend die Hand über uns hält, unsere innersten Wünsche kennt und versteht und längst weiß, was wir brauchen – schon bevor wir ihn mit Worten darum bitten.

> Gott sagt genau diese für ein gelingendes Leben so bedeutsame Beheimatung zu: »Ich will mit dir gehen! Wo du bist, bin ich auch. Bei mir hast du ein Zuhause.«

Für Menschen, deren Verhältnis zu Gott eher von Furcht geprägt ist, kann die Vorstellung, dass Jesus (als der einzige Unschuldige, der jemals gelebt hat) am Kreuz den nachvollziehbaren Unmut Gottes von uns fehlbaren Menschen auf sich gelenkt hat und damit stellvertretend für unsere Sünde gestorben ist, äußerst hilfreich sein. Viele christliche Bekenntnisse sehen in dieser Deutung der Kreuzigung deshalb auch den zentralen Inhalt des christlichen Glaubens. Kein Wunder, denn sie stammt von keinem geringeren als Paulus, der sie ausführlich im Römerbrief beschrieben und damit fest in der Bibel verankert hat.

Viele Christen sind nun davon überzeugt, dass man nur dann ein »echter« Christ sein kann, wenn man seine Schuld bekannt und Gott um Vergebung gebeten hat. So bedeutend, tiefsinnig und wirksam dieses Schema der Erlösung durch Christus auch sein mag: Es führt leider in der Praxis der Glaubensverkündigung häufig dazu, dass wesentlich mehr über die

Sünde als über die Vergebung geredet wird und dass das Verhältnis zu Gott (und auch das zur »Welt«) weiterhin von Furcht geprägt bleibt. Die Erlösung durch Vergebung verkommt dann zu einer abstrakten Theorie, die die Seelen der Menschen nicht wirklich erreicht und von ihren Belastungen spürbar befreit.

Bei vielen der Kirche fernstehenden Menschen kommt das so an, dass man sich die Erlösung praktisch durch die Unterschrift unter ein Glaubensbekenntnis zu erkaufen versucht. Setzt man diesen Gedanken absolut, dann ist er aber gar nicht mehr so einleuchtend: Jesus selbst hat jedenfalls nie verlangt, dass man erst seine Schuld bekennen oder seinen Glauben unter Beweis stellen muss, bevor er Vergebung zugesprochen hat. Zumindest erzählt die Bibel nichts davon. Im Gegenteil, bei der Heilung eines Gelähmten (Mt. 9) lautet der erste Satz, den Jesus zu dem Kranken spricht: »Sei getrost, mein Sohn, deine Sünden sind dir vergeben.« Die anwesenden Schriftgelehrten sehen darin sofort eine Gotteslästerung, aber Jesus begegnet ihrer Kritik durch die erfolgreiche Heilung. Und wer heilt, hat recht.

> Ein Ja zum Leben, die Relativierung unseres menschlichen Horizontes und die Beheimatung bei Gott: Diese drei Quellen schaffen eine Geborgenheit, die sich als tragende Kraft im Leben erweist.

Die spannende Frage ist: Muss man von einem Menschen des 21. Jahrhunderts verlangen, dass er sich zuerst in die Lebensproblematik eines Paulus oder eines Luther hineinversetzt, bevor er Zugang zum Glauben finden kann? Muss man wirklich erst die eigene Unwürdigkeit und einen inneren Zusammenbruch erfahren, um in den Genuss der Erlösung zu kommen? Keine Frage: Wir kennen viele Menschen, die auf solchen Wegen zum Glauben an Gott gefunden haben und ihn in sehr überzeugender Weise leben. Gut so! Aber wir kennen mindestens ebenso viele, die auf ganz anderen Wegen Christen geworden sind. Als Jesus seine Jünger beruft, sagt er den schlichten Satz: »Folgt mir!« (Mt. 4, 19). Er verlangt kein Glaubensbekenntnis und keinen Religionswechsel, keine Bußübungen, kein schlechtes Gewissen und keine Besserungsgelöbnisse. Das Einzige, was er einfordert, ist das unbedingte Vertrauen in seine Person. Weil nur aus diesem Vertrauen die Geborgenheit erwächst, die frei macht.

> Jesus selbst hat nie verlangt, dass man erst seine Schuld bekennen oder seinen Glauben unter Beweis stellen muss, bevor er Vergebung zugesprochen hat.

Die Kraft des Glaubens besteht darin, dass Menschen sich getragen wissen. Darum sagte Papst Benedikt XVI. sehr poetisch: »Es ist schön, ein Christ zu sein. Es besteht ja die Idee, Christentum sei eine Menge von Geboten und Verboten … Ich möchte demgegenüber deutlich machen: Von einer großen Liebe und Erkenntnis getragen zu sein, ist nicht etwa ein Gepäck, sondern das sind Flügel.«

Die 9. Freiheit lautet: Du darfst dich bei Gott geborgen wissen. Aus dieser Erfahrung erwächst eine unglaubliche Kraft, die nicht vor Leid bewahrt, aber durch es hindurchträgt und zu der Erkenntnis führt: »Alles ist möglich dem, der glaubt.« (Mk. 9,23) Als Mensch, der darauf geeicht ist, immer sein Bestes zu geben, kannst du erfahren, dass du das Beste geschenkt bekommst.

In den großen Konfessionen wird seit einigen Jahren ziemlich viel gejammert: »Mit der Kirche geht es bergab.« Na und? Dann kommt sie wenigstens in Fahrt. Uns wundert, dass die Institutionen, die für die Überzeugung stehen, dass es einen Gott gibt, der Geborgenheit, Hoffnung und Zukunft schenkt, so viel Angst haben. Wir sehen den Himmel offen.

Ich seh den Himmel offen

Sie haben dir gesagt,
der Himmel sei verwaist.
Mensch, die haben dich belogen.
Solang du nur um die
eigenen Fragen kreist,
hast du dich leider selbst betrogen.
Manchmal leiht mir Gott
kurz seine Augen aus,
und dann gehn mir meine über.
Es ist so, als träte
ich aus mir heraus
und das Leben tanzt vorüber.

Du, ich seh den Himmel offen,
diesen warmen, hellen Schein,
und er zeigt unübertroffen:
Ich bin nicht allein!
Du, ich seh den Himmel offen,
da kommt Segen in die Welt.
Darauf kann ich baun und hoffen,
dass es ewig hält.

Da, wo Ängste war'n,
sind plötzlich Chancen klar.
Ich sehe all die Möglichkeiten,
meinen Weg zu gehen
zwischen Falsch und Wahr.
Denn Gott will mich sanft begleiten.

Und dann begreif ich schon:
In Gottes Dimension
bin ich geborgen.
Wer sich im Segen sonnt,
reist hintern Horizont
der eignen Sorgen.
Der Himmel ist so weit,
er macht sich zärtlich breit
in meinem Denken.
Jetzt kenne ich das Ziel
und weiß: In diesem Spiel
wird er mich lenken.

Du, ich seh den Himmel offen …

10. Die Freiheit Gottes

So sehr hat Gott die Welt geliebt …

Jetzt haben wir Ihnen neun lebenswichtige Freiheiten vorgestellt, die alle eines verbindet: Sie erweisen sich als wegweisende Voraussetzungen dafür, dass unser Denken, Handeln und Fühlen sich ungehindert entfalten können. Da, wo nur eine dieser Freiheiten verloren geht, von zwanghaften Strukturen verhindert oder gegen begrenzende Gesetzlichkeiten eingetauscht wird, erleben Menschen sich als unfrei und eingeschränkt. Sie empfinden unwillkürlich eine bedrückende Last im Alltag. Vielleicht können sie dieses Engegefühl gar nicht in Worte fassen, sie spüren jedoch, dass sie nicht selbstbestimmt leben, sondern in vielen Bereichen von außen gelebt werden. Sie bleiben weit hinter ihren Möglichkeiten, weil Wesentliches von dem, was an Chancen und Begabungen in sie hineingelegt wurde, nicht wirklich entfaltet wird und so nach und nach verkümmert.

Und genau hier setzt der Glaube an, weil Gott will, dass wir unser Leben frei gestalten können – er hat es uns schließlich geschenkt. Kein Wunder, dass er sich nichts mehr wünscht, als dass wir ein »Leben in Fülle« haben, also ein Dasein, in dem unsere Persönlichkeit nicht verkümmert, sondern aufblüht. Daher ist auch die in vielen christlichen Kreisen noch immer verbreitete Ansicht, ein Christ müsse seine persönliche Identität aufgeben, eine erschreckende Verdrehung des Evangeliums. Gott will keine willenlosen Sklaven oder entmenschlichte Zombies, die »Halleluja« säuselnd in anderen Sphären schweben und ihrem innersten Wesen entsagen. Nein, Gott sehnt sich nach starken, im Leben stehenden Charakteren, die erkannt haben, dass sie stark sein können, weil Gottes Liebe in ihnen wirkt. Menschen, die sich – gerade weil sie aufgeklärt, informiert und erfahren sind – aus freien Stücken und auf eigenen Wunsch für den Glauben entscheiden. Denn nur eine solche bewusste und mündige Entscheidung ist ernst zu nehmen.

Nun könnte mancher argwöhnen, unsere freiheitlichen Gedanken seien doch sehr stark vom Menschen her gedacht, weil wir so intensiv danach fragen, wie die Freiheit Gottes zu mehr Lebensqualität führt. Doch es geht uns keineswegs um eine spirituelle Liberalität, die alles in Beliebigkeit und individuelle Glückseligkeit entgleiten lässt. Im Gegenteil, wir wünschen uns ja gerade, dass Menschen endlich ganz unbelastet, eigenständig und ohne Zwänge oder äußere Einschränkungen nach Gott fragen können. Dahinter steckt nichts anderes als die aus der Bibel gewonnene Erkenntnis, dass die Freiheit im Wesen Gottes verankert ist – und dass er sie den Menschen als seinen Ebenbildern aus ganzem Herzen, mit ganzer Seele und all seiner Kraft gönnt. Schauen wir uns das einmal genauer an.

> In vielen christlichen Kreisen ist auch die noch immer verbreitete Ansicht, ein Christ müsse seine persönliche Identität aufgeben, eine erschreckende Verdrehung des Evangeliums.

Als Gott sich Mose auf dem Sinai offenbart (Exodus 3), fragt der überraschte Mann sofort: »Du merkwürdige Stimme aus dem brennenden Dornbusch, die du mit mir sprichst, wer bist du?« Und Gott gibt zwei sehr freiheitliche Antworten. Die erste lautet: »Ich bin der Gott, den schon deine Vorfahren kennengelernt haben, der Gott Abrahams, Isaaks und Jakobs.« Gott legt sich also nicht fest. Er verweist von Anfang an auf die (ganz unterschiedlichen) Erfahrungen, die Menschen mit ihm in der Geschichte gemacht haben. Übertragen heißt das: »In den individuellen Erlebnissen der Glaubenden werde ich fassbar. Leg mich nicht auf eine Seinsform fest. Denn ich bin frei. Sieh, wie ich gewirkt habe.«

Doch Mose lässt nicht locker. Ihn befriedigt diese seltsame Antwort nicht. Also hakt er nach: »Du, Gottheit meiner Vorfahren, musst doch irgendeinen Namen haben.« Und wieder geht Gott nicht in die Falle der Definitionen, Gottesbilder, Festlegungen und Einengungen. Er sagt eben nicht: »Also: Ich bin Theo, der Allmächtige, Allwissende und Allgütige«, sondern antwortet mit der berühmt gewordenen Formel JHWH (Jahwe), die sich vom hebräischen Wort für »Sein« ableitet und deshalb ungefähr so übersetzt werden kann: »Ich bin, der ich bin«, oder: »Ich werde sein, der ich sein werde«, oder sogar: »Ich bin der, der immer bei dir sein wird.« Für einen Mathematiker ist das eine ziemlich dünne Antwort. Für einen Glaubenden steckt darin ein unglaubliches, Freiheit stiftendes Geheimnis: Gott verweigert sich den menschlichen Kategorien. Er ist größer als das menschliche Denken und für den menschlichen Verstand nicht fassbar. Deshalb wäre jede Umschreibung ein gedankliches Gefängnis für diesen himmlischen Herrscher. Wer Gott in eine irdische Kategorie zwängen möchte, wird ihm nicht gerecht. Genau darum gibt es das Bilderverbot. Gott sagt: »Versuche nicht, mich zu verstehen – denn es wird dir nicht gelingen. Und wenn du es doch tust, nimmst du Schaden an deiner Seele.« Genau daran scheitern so viele christliche Gruppierungen. Sie basteln sich mit ihrem kleinen Horizont ein Gottesbild zusammen und wollen dieses »beschränkte« Bild dann allen anderen Christinnen und Christen ebenfalls aufdrücken. Und just da beginnt die Unfreiheit. »Ich bin, der ich bin.« Das ist ein Freiheitsruf Gottes. Eine Absage an alle menschlichen Beschränkungen. Ein derart

Gott verweigert sich den menschlichen Kategorien. Er ist größer als das menschliche Denken und für den menschlichen Verstand nicht fassbar. Deshalb wäre jede Umschreibung ein gedankliches Gefängnis für diesen himmlischen Herrscher.

heiliger Name, dass sich fromme Juden bis heute weigern, ihn laut auszusprechen.

Aber Gott stellt sich noch öfter vor. Und immer wieder beruft er sich dabei auf die Freiheit. Wissen Sie, wie er sich zu Beginn der Zehn Gebote einführt? Mit folgendem wunderschönen Satz: »Ich bin der Herr, dein Gott, der dich aus der Knechtschaft in Ägypten geführt hat.« (Exodus 20,2) Der Schöpfer des Himmels und der Erde erklärt den Israeliten, wer er ist, indem er sie daran erinnert, dass er sie befreit hat. Das ist sein markantestes Kennzeichen. Vielleicht wäre »der Befreier« die fassbarste Annäherung an diese Umschreibung. Eine leidenschaftliche Einladung, auf diesem Weg weiterzugehen. Die Einleitung in die Gebotstafeln ist aber nicht nur eine höfliche Geste, sie ist zugleich eine programmatische Präambel: »All die Gebote, die ich euch nun gebe, haben ein großes Ziel, das Ziel, das ich euch gerade gezeigt habe: Sie sollen befreien. Denn es befreit Menschen, wenn sie einander nicht belügen, betrügen, ermorden und hintergehen.« Die befreiende Kraft Gottes ist daher die Messlatte, an der die Gebote geprüft werden können. Und wenn sie in der Interpretation einer christlichen Richtung plötzlich nicht mehr in die Freiheit, sondern in totalitäre Strukturen führen, verfehlen sie ihr ureigenstes Anliegen.

Die befreiende Kraft Gottes ist die Messlatte, an der die Gebote geprüft werden können. Und wenn sie in der Interpretation einer christlichen Richtung plötzlich nicht mehr in die Freiheit, sondern in totalitäre Strukturen führen, verfehlen sie ihr ureigenstes Anliegen.

Ein letztes Beispiel: Im alten Israel war es den Stammesvätern sehr wichtig, dass das Wissen und die Erfahrungen von und mit Gott von Generation zu Generation weitergegeben wurden. Und schon damals gab es offensichtlich Unklarheiten bezüglich der Gebote, denn eine der bis heute grundlegendsten Zusammenfassungen des Glaubens lautete damals: »Wenn dein Kind dich nach den Geboten fragt, dann sage ihm: Wir waren Sklaven und Gott hat uns mit seiner mächtigen Hand aus Ägypten befreit.« (Deuteronomium 6,20-21 – dieses Buch heißt in manchen Bibeln 5. Mose) Gebote, Glaubensinterpretationen oder geistliche Konzepte begründen sich nicht aus sich selbst, sondern aus der Freiheit Gottes und aus seinem befreienden Handeln. »Du hast Gott als einen Befreier erlebt, deshalb weißt du, dass er es gut mit dir meint.«

Für die vorgestellten neun Freiheiten gilt dieser Rückbezug auf Gottes Souveränität ebenfalls: Sie stehen nicht isoliert da, sondern sind die Folge von Gottes unfassbarer Liebe zu den Menschen – einer grenzenlosen Liebe, die sich durch nichts und niemanden einengen lassen will.

Konkret heißt das damals wie heute: Von Gottes Seite aus gibt es kein Muss. Weil ein »Muss« der Erzfeind der Freiheit ist. Niemand muss etwas im Glauben. Die unbändige Freiheit, die Gott selbst in sich trägt, gesteht er auch den Menschen zu. Dabei weist er sie allerdings immer und immer wieder sanft, aber deutlich darauf hin, dass die endgültige Freiheit, nach der sich alle Individuen sehnen, in ihm ihren Ursprung hat.

> Wer behauptet, Menschen müssten sich bekehren, hat das Evangelium nicht verstanden. Menschen dürfen sich bekehren – und es ist das Beste, was ihnen überhaupt passieren kann.

Wir sind der festen Überzeugung: Wenn es den Christinnen und Christen wieder gelingt, den Menschen Glauben als befreiendes Vertrauen in die Liebe Gottes nahezubringen und vorzuleben, werden diese sich mit Freuden darauf einlassen. Das funktioniert aber nur, wenn wir die Verhärtungen in den Glaubensinstitutionen überwinden. Wer zum Beispiel behauptet, Menschen müssten sich bekehren, hat das

Evangelium nicht verstanden. Menschen dürfen sich bekehren – und es ist das Beste, was ihnen überhaupt passieren kann. Eine Einladung zum Glauben darf nicht mit Druck verbunden sein. Ja, weil Gott in die Freiheit führen will, darf man Glauben niemals als Zwang verkaufen, sondern nur als Geschenk anbieten.

Gott ist und bleibt der Ausgangspunkt jeder Freiheit. Er verschenkt sie, er ist ihr Ursprung und Ziel, und er lädt ein, sich diese Freiheit zusagen zu lassen.

Dass Menschen, die sich auf die Liebe Gottes einlassen, dann auch anfangen, ihr Leben zu verändern, die Gebote ernst zu nehmen, die Nächstenliebe zu entdecken, zerstörerische Lebenskonzepte abzubauen und sich für die Freiheit anderer einzusetzen, ist für die Bibel eine Selbstverständlichkeit. Jesus sagt ganz einfach: »Die mich lieben, werden meinen Willen tun.« (Joh. 14,23) Und er weist mehrfach darauf hin, dass es letztlich nicht darum geht, dass jemand hehre Bekenntnisse von sich gibt oder bestimmte Lehren verstanden hat, sondern dass unsere Taten zeigen werden, ob in uns die Freiheit oder die Unfreiheit herrscht: »An ihren Früchten sollt ihr sie erkennen.« (Mt. 7,16)

Glaube ist ein Geschenk und darum geht es im Zentrum des Christentums nicht zuerst um die Frage, ob ein Mensch an Gott glaubt. Im Zentrum von Jesu Botschaft steht die Erkenntnis: »Gott glaubt an den Menschen.« Darum ist Glauben auch nicht etwas, das Menschen leisten müssen, sondern etwas, dass sie empfangen können – wenn sie denn wollen. Gott ist und bleibt der Ausgangspunkt jeder Freiheit. Er verschenkt sie, er ist ihr Ursprung und Ziel, und er lädt ein, sich diese Freiheit zusagen zu lassen. Christinnen und Christen können mit ihrem Leben, ihren Erzählungen und ihren Erfahrungen ein Widerhall dieser Freiheit sein, aber sie können sie sich weder erarbeiten noch verdienen oder sie gar verteidigen. Das heißt konkret: Wer die Freiheit eines Menschen von dessen Handeln abhängig macht, hat ein falsches und schwaches Gottesbild, in dem Gott kein leidenschaftlicher Liebhaber der Schöpfung ist, sondern ein bestechlicher Kleinkrämer, dessen Laune von den Entscheidungen der Menschen abhängt.

Die Wahrnehmung, dass Gott die Quelle der Freiheit ist, wird oft übersehen, ist aber unglaublich wichtig, weil sie einen Perspektivenwechsel im klassischen religiösen Verständnis der Menschen einleitet. Der christliche Gott ist eben nicht ein fernes Gegenüber, das es zu besänftigen, zu versöhnen oder zufriedenzustellen gilt, sondern der lebendige Befreier, der Menschen von den gesellschaftlichen Fesseln lösen möchte, damit er in ihnen wirken kann. Alltagspraktisch bedeutet das: Menschen sind oft in destruktiven Lebensprozessen gefangen. Diesen Leuten ruft Jesus zu: »Wendet euch zum Leben hin! Löst euch von dem, was euch einschränkt. Nehmt mit Gottes Hilfe die destruktiven Ansätze wahr, lasst euch die Kraft schenken, das Negative zu überwinden, und entdeckt euch selbst als Teil eines viel größeren und wertvollen Prozesses, mit dem Gott Liebe in die Welt bringen will.« Diese Freiheit ist heilsam und ermutigt Menschen, etwas von der Liebe Gottes weiterzugeben.

Der christliche Gott ist eben nicht ein fernes Gegenüber, das es zu besänftigen, zu versöhnen oder zufriedenzustellen gilt, sondern der lebendige Befreier, der Menschen von den gesellschaftlichen Fesseln lösen möchte, damit er in ihnen wirken kann.

Wenn Jesus darauf hinweist, dass die Welt seine Jüngerinnen und Jünger an ihrem Glauben, ihrer Liebe, ihrer Hoffnung und ihren Taten erkennen soll, dann erwartet er keineswegs, dass nun alle Glaubenden zu gigantischen Glaubenshelden werden. Erstens kennt er seine Pappenheimer dafür viel zu gut und zweitens muss man ehrlich eingestehen: Viele der biblischen »Helden« waren moralische Versager oder sogar Verbrecher: Jakob betrog seinen Bruder mehrfach um dessen Erbe, David schickte den Ehemann seiner Geliebten in den Tod, Petrus verleugnete Jesus unmittelbar nach der Kreuzigung und so weiter. Die »Glaubenshelden« der Bibel zeichnen sich nicht durch Fehlerlosigkeit aus, sondern … durch ihren Glauben. Einen Glauben, der so stark war, dass er Menschen faszinierte – trotz der offensichtlichen Mängel in der Lebensführung der Glaubenden.

Wenn diese Menschen liebten, dann wurde darin etwas von der Liebe Gottes erkennbar. Wenn diese Menschen hofften, dann strahlte in ihren Augen die Hoffnung Gottes. Und wenn diese Menschen glaubten, dann gaben sie etwas von dem Glauben Gottes an die Menschen weiter. Wollte man dieses Phänomen in einem Satz zusammenfassen, dann müsste man sagen: Glauben heißt, sich und die Welt mit Gottes Augen sehen und diese himmlische Perspektive weitergeben.

Die »Glaubenshelden« der Bibel zeichnen sich nicht durch Fehlerlosigkeit aus, sondern … durch ihren Glauben. Einen Glauben, der so stark war, dass er Menschen faszinierte – trotz der offensichtlichen Mängel in der Lebensführung der Glaubenden.

Darum ist der christliche Glaube eben keine Handlungsanweisung, sondern ein sich Öffnen für Gott, für eine Lebenseinstellung, die auf Vertrauen basiert. Und Vertrauen heißt nichts anderes, als jemandem Glauben zu schenken. Wer glaubt, sagt: »Ich bin fasziniert von der Person Jesu und vertraue ihm. Ich vertraue darauf, dass er die für uns Menschen erfahrbare und verständliche Erscheinungsform Gottes ist, und gestatte ihm, eine wichtige oder gar die zentrale Rolle in meinem Leben zu spielen. Und weil ich das tue, warte ich gespannt auf die Veränderungen, die diese Haltung in mir bewirkt.«

Das ist eigentlich schon alles. »Ich erwarte, dass sich mein Leben insgesamt positiv wendet, dass ich Gottes Liebe erfahre und weitergebe, dass ich frei werde von Sorgen, Ängsten, Neid, Schuld- und Hassgefühlen und anderen Belastungen, dass ich körperlich und seelisch gesünder werde, dass ich von innen heraus heiter und gelassen werde – nicht durch einen übernatürlichen Donnerschlag, sondern durch einen spirituellen Prozess, der langsam, aber sicher in mir wirkt. Entscheidend dabei ist, dass ich das wirklich zulasse – und nicht krampfhaft zu erzwingen versuche, etwa indem ich frömmer tue oder denke, als ich tatsächlich bin, oder indem ich mich einer Person oder Institution unterwerfe.«

> Vertrauen heißt nichts anders, als jemandem Glauben zu schenken. Wer glaubt, sagt: Ich bin fasziniert von der Person Jesu und vertraue ihm. Ich vertraue darauf, dass er die für uns Menschen erfahrbare und verständliche Erscheinungsform Gottes ist, und gestatte ihm, eine wichtige oder gar die zentrale Rolle in meinem Leben zu spielen.

Dass Gott ein Gebender ist, wird gerade im Neuen Testament oft hervorgehoben. Gipfelnd in dem Satz: »Gott hat die Welt so sehr geliebt, dass er seinen Sohn für sie gab.« (Joh. 3,16) Nicht um sich selbst zu versöhnen, sondern um den Menschen ein Versöhnungszeichen zu geben: »Seht her, meine Freiheit reicht sogar über den Tod hinaus.« Diese Freiheit ist der Segen, der sich in unseren Gemeinden entfalten kann, es leider aber viel zu selten tut.

Wir sind im Laufe vieler Künstlerjahre durch Hunderte von Gemeinden gekommen – Gemeinden aller Konfessionen, Organisationsformen, Richtungen, Prägungen und Altersstufen. Und wir haben irgendwann aufgehört, uns mit Leuten über theologische Spitzfindigkeiten zu streiten oder über obskure Glaubensformen zu diskutieren. Wir haben gemerkt: Wer wissen will, ob eine Gemeinschaft eine gesunde Theologie hat, sollte einfach die Augen aufhalten und schauen: Spürt man, dass ihr Glaube die Menschen frei macht – oder wirken sie eher beengt? Sind sie entspannt, lebensfroh, liebevoll und dem Dasein zugewandt? Übernehmen sie Verantwortung für Gottes Schöpfung? Strahlen sie Herzlichkeit und Offenheit aus? Und zum Glück: Wir haben in fast allen Gemeinschaften beides getroffen: versöhnte und unversöhnte Personen, entspannte und verhärmte, ängstliche und mutige, heitere und verbissene, glückliche und unglückliche. Entscheidend für die Qualität und die gesamte Ausstrahlung der Gemeinde war immer die Frage: Wer prägt die Atmosphäre: die Erlösten oder die Verkniffenen, die Toleranten oder die Rechthaber? Vielleicht ahnen Sie nun, warum wir so gern von der Freiheit des Glaubens schwärmen. Denn Gemeinschaften, die Gottes Freiheit zu verkörpern gelernt haben, sind gute, heilsame Orte, an denen Menschen Lasten abwerfen und nicht aufgebürdet bekommen, an denen sie in ihrer Schwachheit angenommen und dadurch gestärkt werden und an denen die Existenz Gottes nicht diskutiert, sondern erlebt wird.

> Wir haben gemerkt: Wer wissen will, ob eine Gemeinschaft eine gesunde Theologie hat, sollte einfach die Augen aufhalten und schauen: Spürt man, dass ihr Glaube die Menschen frei macht – oder wirken sie eher beengt?

Die 10. Freiheit lautet: Du darfst Gott als den Ursprung aller menschlichen Freiheit entdecken. Jeder der neun vorher vorgestellten Freiheitsaspekte ist in Gottes Wesen begründet und als Geschenk zu erfahren. Wer sich beschenken lassen will, braucht nur »Ja« zu Gott zu sagen und wird entdecken, dass darin zugleich ein Ja zum Leben steckt.

Manchem mag es nach der bisherigen Lektüre so erscheinen, als stünden wir unserer Kirche hauptsächlich kritisch, respektlos oder negativ gegenüber. Das Gegenteil ist der Fall. Wir haben sogar ein inbrünstiges Liebeslied für sie geschrieben. Wir nennen sie darin zärtlich bei ihrem griechischen Mädchennamen: Ekklesia.

Ekklesia

Du, sie fragen immer wieder,
wie ich dich nur lieben kann.
Du bist nicht mehr ganz die Jüngste
und man sieht es dir auch an.
Früher warst du voller Leben,
hast auch gern mal angeeckt.
Heute hältst du deine Träume
leider allzu oft versteckt.
Weißt du noch, in deiner Jugend,
da warst du voller Leidenschaft,
heute redest du von Tugend
und dein Antlitz ist erschlafft.
Vielleicht ist es deine Weisheit,
deine raue Sicht der Welt,
vielleicht ist es deine Schwachheit,
die mich weiter bei dir hält.

Hey, altes Haus,
spürst du den Wind,
mit dem alles von vorne beginnt.
Ich bin bei dir,
gib ja nicht auf,
mit deinem wilden Lebenslauf

bist du bald wieder völlig da,
Ekklesia.

Du warst damals kaum erwachsen,
da bekamst du sehr viel Macht,
du hast die sanften Kinderzeiten
nur noch leise ausgelacht.
Du, ich kann es nicht verstehen,
du hast dich so oft verrannt,
bist charakterlos geworden,
wolltest nur noch Geld und Tand.
Dafür gingst du über Leichen,
du hast vielen Leid getan.
Heut bedauerst du die Zeiten,
diesen verfluchten Größenwahn.
Doch aus allen tiefen Krisen
bist du wieder aufgewacht.
Du hast noch mal von vorn begonnen,
ja, das hat dich ausgemacht.

Hey, altes Haus …

Manchmal kommt das alte Feuer,
dieser Geist der Anfangszeit,
dann wirst du mir ganz geheuer,
dann vergess ich all das Leid.
Ich fange an, mit dir zu schmusen,
und stell mir vor, wie's morgen ist.
Weil ich weiß, dass du im Innern
so schön wie am Anfang bist.

Hey, altes Haus …

Fazit

Die Evangelische Kirche in Deutschland (EKD) hat im Sommer 2006 ein Impulspapier über die Zukunft der protestantischen Kirchen veröffentlicht, mit dem sie eine rege Diskussion ausgelöst hat. Der Titel dieses Papiers ist zugleich sein Programm: »Kirche der Freiheit«. Wie alle öffentlichen Verlautbarungen der Kirche ist (natürlich) auch diese bezüglich ihrer Form, ihrer Thesen und ihrer Ausrichtung von vielen Seiten in Frage gestellt worden – der Impuls aber scheint eindeutig zu sein: Die Kirche ist eine Gemeinschaft, in der Menschen Befreiung erfahren sollen, die Befreiung, die Gott ihnen zugesagt hat und weiter zusagt.

> Die Neubesinnung auf die Freiheit des Glaubens hat zu Beginn des 21. Jahrhunderts eine besondere Bedeutung, weil »Freiheit« die tiefste Sehnsucht unserer Zeit darstellt.

Die Neubesinnung auf die Freiheit des Glaubens hat zu Beginn des 21. Jahrhunderts eine besondere Bedeutung, weil »Freiheit« die tiefste Sehnsucht unserer Zeit darstellt. So bemerkte Wolfgang Huber, der Ratsvorsitzende der EKD, bei einem Zukunftskongress in Wittenberg: »Freiheit ist *die* Verheißung des Projekts Moderne; sie ist *das* Versprechen der Neuzeit. Mehr Hoffnungen und Erwartungen, mehr Zuversicht und Veränderungen hat kein anderer Begriff freigesetzt; zugleich hat kein Begriff so viele Ängste und Anmaßungen, so viele Zerstörungen und Überforderungen ausgelöst wie dieser.« Vom Beginn der Aufklärung über die Französische Revolution, die Befreiungskriege und die Demokratisierung Europas bis hin zur Achtundsechziger-Bewegung drückt sich der Wunsch selbstbewusster Menschen nach einem befreiten Leben aus. Dass dabei viele der Freiheitskämpfer über das Ziel hinausgeschossen sind, ist sehr bedauerlich, schmälert aber nicht die Symbolkraft ihres Anliegens: »Wir wollen frei sein.«

Umso erschreckender ist die Erfahrung, dass die Kirchen (und mit ihnen leider auch der Glauben) seit einigen Jahrhunderten im Denken und in der Wahrnehmung vieler Menschen auf der Seite der Unfreiheit stehen. Immer wieder wurde verkündet, jemand, der Freiheit sucht, müsse auf jeden Fall den Glauben und die Kirche hinter sich lassen. Das halten wir für den fundamentalsten Irrtum der Neuzeit. Der über Jahrtausende aufgebaute Macht- und Herrschaftsapparat der kirchlichen Institutionen entsprach sicherlich nicht mehr dem dienenden und dem Leben zugewandten Denken Jesu, doch der ursprünglich darin verankerte Glauben ist und bleibt das wahrhafte Freiheitskonzept. Als die Erben der Aufklärung aus Übereifer das Kind mit dem Bade ausschütteten und mit den Institutionen auch deren Werte bekämpften, taten sie sich keinen Gefallen, sondern entzogen ihrem eigenen Ansatz das Fundament.

Immer wieder wurde verkündet, jemand, der Freiheit sucht, müsse auf jeden Fall den Glauben und die Kirche hinter sich lassen.

Wir wollen in diesem Buch zeigen, dass aufgeklärtes Denken, freiheitliches Handeln und leidenschaftliches Fühlen die zentralen Anliegen Jesu waren, weil sie die natürliche Konsequenz der Freiheit sind, die Gott seinen »Kindern« verheißen hat. Jesus hat Menschen befreit – in Gedanken, Worten und Taten. Er hat Menschen aus verhängnisvollen Begrenzungen herausgeholt und ihnen die befreiende Gegenwart Gottes vor Augen geführt, die ein Dasein gelingen lässt. Diese seinstiftenden Lebensgrundlagen sind jedoch überall da in Gefahr, wo die jesuanische Freiheit durch strukturelle, moralische oder theologische Unfreiheiten behindert wird.

Der Jubelruf, den die Israeliten nach der Befreiung aus der Sklaverei begeistert gen Himmel schrien, gilt weiterhin: »Lasst uns für Gott singen, denn er hat eine herrliche Tat getan, er hat uns erlöst.« (Exodus 15,1+13) Glaubensgemeinschaften können nur dann ernst genommen werden, wenn Menschen in ihnen genau die grenzenlose, unbändige Freiheit erfahren, die von Anbeginn der Gottesgeschichte verschenkt worden ist. Wird diese »Erlösung« durch allzu menschliche Ängste und die daraus folgenden Reglementierungen eingeschränkt, dann verlieren die christlichen Kirchen nicht nur ihre Mitte, sondern auch ihre Daseinsberechtigung.

Glaubensgemeinschaften können nur dann ernst genommen werden, wenn Menschen in ihnen genau die grenzenlose, unbändige Freiheit erfahren, die von Anbeginn der Gottesgeschichte verschenkt worden ist.

Ein Grundproblem vieler Kirchen besteht darin, dass diese sich regelmäßig von anderen Glaubenden abgrenzen und deutlich machen wollen: »Wir glauben besser als ihr. Unser Glaube ist richtiger, lebendiger, wahrer und heiliger.« Hier wollen wir ganz klar festhalten: Eine solche Mentalität entspricht nicht dem Geist Jesu. Oder noch schärfer formuliert: Jeder, der sich für einen besseren Christen hält, ist es schon aus diesem Grund nicht. Wer sich selbst zum Maßstab für falschen oder wahren Glauben macht, dem fehlt genau das, was wir Ihnen hier ans Herz legen wollen: Freiheit. Die Freiheit, Gott Gott sein zu lassen und sich nicht selbst für »göttlich« zu halten. Die Bibel hat für die Erkenntnis, dass der Mensch nicht das Maß aller Dinge ist, ein wunderbares, etwas aus der Mode gekommenes Wort, nämlich Demut. Demut bedeutet nach biblischem Verständnis nicht, sich alles gefallen zu lassen, zu katzbuckeln oder charakterlos am Boden herumzukriechen, nein, Demut ist die Weisheit, dass wir mit unserem menschlichen Denken, Tun und Handeln Gott nie gerecht werden können. Was wir zum Glück auch nicht müssen, weil seine Gnade größer ist als unser Unvermögen. Wer das aber weiß, der tritt nicht großspurig, selbstherrlich oder machthungrig auf, sondern ahnt, dass man das Wesentliche im Leben von Gott geschenkt bekommt. Darum gilt auch: Jeder, der denkt, er hätte den Glauben begriffen, hat nichts begriffen.

Jeder, der sich für einen besseren Christen hält, ist es schon aus diesem Grund nicht.

Allen Glaubenskritikern kann man wohlgemut sagen: Religionen werden dann lebensfeindlich, wenn sie von totalitären Strukturen missbraucht werden – nicht weil die Religion schlecht ist, sondern weil die totalitären Strukturen schlecht sind. Unglücklicherweise neigen aber alle Institutionalisierungen dazu, die Freiheit einzuschränken. Das liegt in ihrem System: Sie wollen Rahmenbedingungen für das Gelingen einer Gemeinschaft schaffen – und genau dieser Rahmen ist zugleich eine Begrenzung der Freiheit. Das sollte man wissen und verantwortlich damit umgehen.

Religionen werden dann lebensfeindlich, wenn sie von totalitären Strukturen missbraucht werden – nicht weil die Religion schlecht ist, sondern weil die totalitären Strukturen schlecht sind.

Vielleicht kann man diese Herausforderung am besten so beschreiben: Natürlich braucht jede Gemeinschaft Formen, und sie braucht auch einen inhaltlichen Konsens. Aber diese Regeln setzt sie sich selbst. Andere haben andere Regeln, und die Regeln sind nicht die Mitte der Wahrheit. Regelwerke können sich jederzeit ändern. Sie müssen sich sogar ändern, wenn die Umwelt oder die Gesellschaftsstrukturen sich so stark verändern, dass die Regelwerke nicht mehr funktionieren. Ein kleines Beispiel: Es gibt im Alten Testament die (auch von Jesus nicht aufgehobene) Vorschrift, dass man unter bestimmten Umständen die Witwe des verstorbenen Bruders als Nebenfrau aufnehmen soll, damit diese keine Not leidet. (Dtn. 25, 5 ff.) Eine damals sehr hilfreiche Vorschrift, die bei den heutigen Lebensverhältnissen aber nicht mehr sinnvoll ist. In der Bibel steht auch, dass jemand, der eine Frau vergewaltigt, diese dann heiraten muss. (Dtn. 22, 28 ff.) Das würden sich heute wohl alle Frauen zu Recht verbitten. Die wichtigste Fähigkeit zur Wahrung der Freiheit des Glaubens ist also die Trennung zwischen den zeitlosen Werten des Glaubens und den individuellen Regeln einer Gemeinschaft, die immer zeitgebunden sind.

> Die wichtigste Fähigkeit zur Wahrung der Freiheit des Glaubens ist die Trennung zwischen den zeitlosen Werten des Glaubens und den individuellen Regeln einer Gemeinschaft, die immer zeitgebunden sind.

Kritisch wird es für eine Institution immer dann, wenn die zeitgebundenen Faktoren selbst »heiliggesprochen« werden und nach und nach an die Stelle der befreienden Botschaft treten, wenn also die »Corporate Identity« einer Kirche nicht mehr in ihren Inhalten erkennbar wird, sondern sich im äußeren Erscheinungsbild verankert (Bräuche, Kleidung, Ethik, Ordnungen usw.). Nimmt man die Freiheit des Glaubens ernst, dann ist es völlig nebensächlich, ob jemand in Jeans oder im Anzug, mit Hardrock oder Buxtehude, auf Kirchenbänken oder im Handstand, mit Wermut oder mit Weihrauch Gott feiert. Das Problem ist nur: Woran erkennt man dann eine Christin oder einen Christen? Die Angst, Glaubende könnten nicht klar erkennbar werden, führt bei den Institutionen immer wieder dazu, dass sie marginale Äußerlichkeiten geistlich überhöhen. Dabei ist die Antwort auf die Frage nach dem Erkennungszeichen ganz einfach:

Im Zentrum des christlichen Glaubens muss immer die Person Jesu von Nazareth stehen. Alles, was eine christliche Organisation tut oder lehrt, ist aufgefordert, sich kontinuierlich die gleiche herausfordernde Frage zu stellen: »Ist das, was wir machen, im Sinne Jesu und ist es geeignet, andere Menschen zu Jesus hinzuführen?« So formuliert hat das Ganze allerdings einen Haken: Wer ein dogmatisches Verständnis von Christentum hat, kann die einladende Hinführung zur Person Jesus leicht mit der Eingliederung eines Menschen in die eigene Organisation verwechseln – und damit ist einem unkritischen Missionsverständnis Tür und Tor geöffnet.

Im Zentrum des christlichen Glaubens muss immer die Person Jesu von Nazareth stehen.

Deshalb möchten wir die Person Jesu an dieser Stelle ein wenig konkretisieren und die Frage umformulieren: »Ist das, was wir als Gemeinschaft machen, getragen vom Geist der Liebe und ist es geeignet, in anderen Menschen Liebe zu wecken?« Liebe steht dabei für die bedingungslose Zuwendung zu den Menschen, deren Eigenschaften Paulus in seinem »Hohelied der Liebe« (1. Kor. 13) beschreibt:

Die Liebe ist geduldig und voller Güte.
Sei ist niemals aggressiv, sie täuscht nicht
und sie plustert sich nicht auf.
Sie achtet sorgfältig darauf,
den anderen nicht zu verletzen.
Sie ist nicht egoistisch, sie verbittert nicht
und sie trägt das Böse nicht nach.
Sie trauert über jede Ungerechtigkeit
und freut sich über das, was wahr ist.
Die Liebe erträgt alles, glaubt alles,
hofft alles und erduldet alles.
Die Liebe hört niemals auf.

Die Person Jesu lässt sich zwar nicht einfach nur auf den Grundwert »Liebe« reduzieren, dazu ist sie zu vielschichtig. Aber wer das Neue Testament durchblättert, wird feststellen, dass dieser Aspekt immer im Vordergrund steht.

Weil die Liebe Gottes eine befreiende und zum Dasein befähigende Kraft ist, könnte man auch sagen: Christlicher Glaube ist zunächst einmal nichts anderes als eine grundsätzliche Hinwendung zum Leben. In dieser knappen Formulierung ist dieses Konzept natürlich noch sehr abstrakt und kann alles und nichts bedeuten. Konkret wird es für Christinnen und Christen aber in der Person Jesu. Er hat vorgelebt, wie die Freiheit des Glaubens eine Hinwendung zum Leben ermöglicht, indem er die negativen Kräfte, die uns einengen wollen, bekämpfte und die positiven Kräfte, die uns befreien können, stärkte.

Christlicher Glaube ist zunächst einmal nichts anderes als eine grundsätzliche Hinwendung zum Leben.

Dabei geht es nicht darum, Jesus als Vorbild zu sehen, denn er war ohne Zweifel eine religiöse Ausnahmebegabung. Er konnte faszinierend predigen, Kranke heilen und Verzweifelten allein durch seine Anwesenheit Hoffnung geben. Dies alles steht einem »normalen« Christen nicht einfach zur Verfügung. Aber jeder Mensch kann lieben, verzeihen, ehrlich sein, teilen und die Befreiung anderer unterstützen. Insofern ist das Leben Jesu tatsächlich eine Richtschnur für ein von der Liebe geprägtes Leben.

Was bedeutet das für die Frage nach dem »Wiedererkennungswert« des Christlichen? Ganz einfach: Für eine theologische Grundlegung eines »gesunden« Christentums genügt ein klares Bekenntnis zur Person Jesus Christus, verbunden mit einem ebenso klaren Bekenntnis zum aufgeklärten Denken. Alles andere lässt sich daraus ableiten. Das Bekenntnis zu Jesus bedeutet eine freie und bewusste Entscheidung für die

Liebe (zu Gott, zu anderen und zu mir selbst) als zentralem Wert. Das Bekenntnis zum aufgeklärten Denken beinhaltet eine klare Absage an jeglichen Fundamentalismus und an zwanghafte Bekenntnisse – und bindet die Liebe an eine realistische Wahrnehmung der Welt. Die Absage an den Fundamentalismus ist wichtig, weil die Geschichte immer wieder gezeigt hat, dass machtorientierte Menschen die religiösen Kräfte von naiv Gläubigen für den Aufbau totalitärer Strukturen missbrauchen können. Darum ist es auch notwendig, zwischen dem Glauben und Glaubenssystemen zu unterscheiden.

Wir glauben nicht an ein System, sondern an eine Person: Jesus Christus. Natürlich haben auch wir ein bestimmtes Bild, eine bestimmte Wahrnehmung, eine Interpretation von Jesus vor Augen. Doch wir sind uns dessen bewusst und stellen uns und unser »System« immer wieder in Frage, damit aus einem Bekenntnis kein spirituelles Gefängnis wird. Das wollen wir in einem abschließenden Gedankengang noch einmal deutlich machen:

> Die Absage an den Fundamentalismus ist wichtig, weil die Geschichte immer wieder gezeigt hat, dass machtorientierte Menschen die religiösen Kräfte von naiv Gläubigen für den Aufbau totalitärer Strukturen missbrauchen können.

Jedes System, das sich im Besitz einer absoluten, nicht mehr hinterfragbaren Wahrheit glaubt, neigt dazu, fundamentalistisch zu werden. Wir wissen, dass man den Begriff »Fundamentalismus« auch positiv füllen kann, aber im Rahmen dieses Buches verstehen wir darunter eine Geisteshaltung, die nur eine einzige Sicht der Dinge zulässt und diese allen anderen Menschen aufdrängen will, die also keine Bereitschaft zeigt, sich mit den Erfahrungen und Denkmustern anderer ernsthaft auseinanderzusetzen. In extremen Fällen kann das bis zur Gewaltanwendung führen. Da Fundamentalismus häufig zur gesellschaftlichen Abschottung führt, also zur Sektenbildung, wird er oft mit religiösen Sondergemeinschaften in Verbindung gebracht. Hier raten wir zu einer differenzierteren Betrachtungsweise: Mitgliedschaft in einer bibeltreuen Freikirche kann ohne Weiteres mit einer großen menschlichen und geistigen Offenheit verbunden sein. Umgekehrt kann sich auch in sogenannten »liberalen« Kreisen eine massive und arrogante Ignoranz gegenüber anders Glaubenden breitmachen. Fundamentalistische Tendenzen gibt es in allen Gemeinschaften – und sie sind überall gleich gefährlich.

Viele Christen glauben nämlich gar nicht an Jesus selbst, sondern an eine sehr begrenzte Weltanschauung, an eine irgendwie geartete Theorie über seine Bedeutung in der Weltgeschichte. Sie erfahren darin durchaus auch Kraft – aber nicht die Kraft der Liebe, sondern die Kraft, die sich daraus ergibt, zu einer starken Gruppe zu gehören. Doch die Kraft der Ideologie ist nicht die Kraft, von der Jesus sprach. Das heißt: Überall dort, wo der Gehorsam gegenüber der Institution wichtiger wird als Liebe und Freiheit, lauert die Gefahr des Sektierertums. Und damit das Ende der Freiheit.

Überall dort, wo der Gehorsam gegenüber der Institution wichtiger wird als Liebe und Freiheit, lauert die Gefahr des Sektierertums.

Wie kann man diesen Tendenzen positiv begegnen? Am besten wohl mit Kritikfähigkeit, Offenheit und einem weiten Herzen. Wenn es den christlichen Gemeinschaften gelingt, ihre Abgrenzungstendenzen gegen ein weltweites Miteinander einzutauschen, das in der Lage ist, die kulturellen Unterschiede nicht als Belastung, sondern als Gewinn anzusehen, wäre dafür ein gutes Fundament geschaffen. Dahinter steckt der Gedanke eines offenen Netzwerkes: Jeder darf am Netz des »Leibes Christi« mitarbeiten – und die Summe der vielen Einzelbeiträge ergibt ein großes Ganzes (vgl. dazu 1. Kor. 12-14). Weil alle das gleiche Ziel haben, nämlich ein funktionierendes, belastbares System zu entwickeln (in unserem Fall: eine funktionierende, zukunftsfähige und lebendige Kirche), und weil es in einem Netz eine intensive gegenseitige Kontrolle gibt, kommt es zu einem regen Austausch von Gedanken und Erfahrungen, der mehr über die Liebe Gottes aussagt als jede Einzeltheorie.

Ein solches offenes System hat viele Vorteile: Es ist selbststabilisierend, es kann auf die Umwelt reagieren und es ist fehlertolerant, weil der Irrtum eines Einzelnen nicht sofort eine ganze Institution auf Abwege führt. In der Welt der Informatik sind solche offenen Systeme schon länger bekannt, z. B. durch Linux, Open Office oder Wikipedia. Die Offenheit führt dort nicht etwa ins Chaos, sondern bewirkt sogar eine höhere Leistungsfähigkeit – im Vergleich zu hierarchisch organisierten Systemen. Denn nur ein System, das auch in der Lage ist, Abweichungen hervorzubringen und darauf angemessen zu reagieren, kann etwas dazulernen. In diesem Sinne tolerante Systeme entwickeln sich weiter und bleiben nicht irgendwann auf einem bestimmten Erkenntnisstand stehen. Und das ist ein Zeichen gesunder Freiheit.

Wer zur Freiheit einlädt, kann das nur, wenn er sie auch gewährt.

Nun haben wir Ihnen eine kleine »Theologie der Freiheit« präsentiert. Nicht systematisch aufgebaut, sondern anhand von zehn freiheitlichen Leitgedanken. Uns ist die Freiheit des Glaubens im Kontakt mit unterschiedlichsten christlichen Strömungen und in der Beobachtung, dass sich immer mehr Menschen nach einer befreiten Spiritualität sehnen, immer wichtiger geworden. Dabei gilt aber auch für uns: Wer zur Freiheit einlädt, kann das nur, wenn er sie auch gewährt. Deshalb sehen wir unsere Anregungen keinesfalls dogmatisch. Sie entspringen unseren Erfahrungen und vielen anregenden Gesprächen und Beobachtungen. Am besten gehen Sie deshalb damit um, wenn Sie sie als Ideensteinbruch betrachten, gutes Rohmaterial, das darauf wartet, weiterverarbeitet, weitergedacht, weiterdiskutiert zu werden. Probieren Sie die Anregungen aus. Wir sind der festen Überzeugung, dass Sie dadurch mehr Freiheit erleben. Doch wenn sich etwas von unseren Ideen bei Ihnen nicht bewährt oder einfach nicht zu Ihrem Leben passt, dann werfen Sie es getrost über Bord.

»Unsere Seele ist entronnen wie ein Vogel dem Netz des Vogelfängers; das Netz ist zerrissen – und wir sind frei.« (Ps. 124, 7)

Nebenbei: Wahrscheinlich werden wir in fünf Jahren manches anders sehen, als wir es heute tun. Das ist aber nichts Schlimmes, sondern das Leben. Wir reifen. Und wer das nicht mehr tut, gilt in der Biologie als tot. Wir wünschen uns, dass immer mehr Menschen entdecken, dass der Glauben an Gott kein Freiheitshindernis, sondern die Quelle der Freiheit ist. Damit sie aufgeklärt, heiter und lustvoll sagen können: »Unsere Seele ist entronnen wie ein Vogel dem Netz des Vogelfängers; das Netz ist zerrissen – und wir sind frei.« (Ps. 124, 7)

Zum Schluss ein persönliches, fast kindliches Lied, das spielerisch zusammenfasst, warum wir so vehement für die Neuentdeckung des Glaubens eintreten. Ganz einfach: Weil wir selbst die Freiheit Gottes als ein großartiges Fundament des Lebens erfahren. Und manchmal hört sich das dann so an:

Gut, dass du bei mir bist

Ich tauche ein in Liebe,
ich bade in Barmherzigkeit
und stell mir vor, es bliebe
der Himmel stets so weit.
Lass mich von Gnade tragen,
von Menschenfreundlichkeit,
die mich in diesen Tagen
ermutigt und befreit.

Gut, dass du bei mir bist.
Du weißt ja, wie das ist:
Wenn auf der Welt
mich eines hält,
dann nur, dass du, mein Gott,
mich nie vergisst.

Ich atme deine Ruhe,
mein Wagemut wird groß.
Ich weiß, was ich auch tue:
Du liebst mich grenzenlos.
Lässt meine Seele tanzen,
geb meine Fragen hin,
bin Teil des großen Ganzen,
und darin liegt der Sinn.
Gut, dass du bei mir bist …

Literaturempfehlungen

Wer Lust bekommen hat, den Geheimnissen Gottes weiter nachzuspüren, dem seien unter anderem folgende Bücher empfohlen:

Klaus Douglass, Fabian Vogt »*Expedition zum ICH.* In 40 Tagen durch die Bibel.« Deutsche Bibelgesellschaft 2006

Fabian Vogt, »*Wo der Apostel baden ging.* Ein Reiseführer durch die Bibel.« Kreuz-Verlag 2004

Über die Autoren

Dr. Martin Schultheiß, Jg. 1959, ist gelernter Physiker, arbeitet heute aber als Verleger, Dozent, Autor und Musiker. Seit 1990 tritt er mit Fabian Vogt im Musikkabarett »Duo Camillo« bundesweit auf. Von ihm sind unter anderem erschienen:

Daniel. Ein Kind besiegt den Krebs. Pattloch 2007 (mit Rita Peter und Christiane Scheppa)
Duo Camillo: »Sie müssen dran glauben«. CD 2005

Fabian Vogt, Jg. 1967, ist evangelischer Pfarrer, Künstler und Schriftsteller. Neben verschiedenen Sachbüchern hat er Romane und Erzählbände veröffentlicht. Mit dem »Duo Camillo« ist er als »Freiheitskämpfer« unterwegs. Von ihm sind unter anderem erschienen:

Moment mal! Radioaktive Andachten. Brendow 2010
Die wunderbare Welt der Christenheit. Brendow 2010
Die erste Ölung. Fantastische Geschichten. Brendow 2006
Bube Dame König. Roman. Brendow 2004
Zurück. Roman. Gerth Medien 2004 (ausgezeichnet mit dem Deutschen Science-Fiction-Preis)